BLOOMIN' RAINFORESTS
by Anita Ganeri, illustrated by Mike Phillips
Text copyright ⓒ 2001 by Anita Ganeri
Illustrations copyright ⓒ 2008 by Mike Phillips
All rights reserved.
Korean translation copyright ⓒ 2009 by Gimm-Young Publishers, Inc.
This Korean edition was published by Gimm-Young Publishers, Inc. in 2009
by arrangement with Scholastic Ltd. through EYA(Eric Yang Agency), Seoul.

이 책의 한국어판 저작권은 에릭양 에이전시를 통해 **Scholastic Ltd.**와 독점계약한
(주)김영사에 있습니다. 저작권법에 의하여 한국 내에서 보호를 받는 저작물이므로
무단 전재와 복제를 금합니다.

우글우글 열대우림

앗, 이렇게 재미있는 사회·역사가!

애니타 개너리 글 | 마이크 필립스 그림 | 김은령 옮김

주니어김영사

우글우글 열대우림

1판 1쇄 인쇄 | 2009. 11. 17.
개정 1판 1쇄 발행 | 2019. 12. 5.

애니타 개너리 글 | 마이크 필립스 그림 | 김은령 옮김

발행처 김영사 | 발행인 고세규
등록번호 제 406-2003-036호 | 등록일자 1979. 5. 17.
주소 경기도 파주시 문발로 197(우-10881)
전화 마케팅부 031-955-3100 | 편집부 031-955-3113~20 | 팩스 031-955-3111

값은 표지에 있습니다.
ISBN 978-89-349-9856-3 74080
ISBN 978-89-349-9797-9 (세트)

좋은 독자가 좋은 책을 만듭니다. 김영사는 독자 여러분의 의견에 항상 귀 기울이고 있습니다.
독자의견전화 031-955-3139 | 전자우편 book@gimmyoung.com
홈페이지 www.gimmyoungjr.com | 어린이들의 책놀이터 cafe.naver.com/gimmyoungjr

이 도서의 국립중앙도서관 출판시도서목록(CIP)은 서지정보유통지원시스템
홈페이지(http://seoji.nl.go.kr)와 국가자료공동목록시스템(http://www.nl.go.kr/kolisnet)에서
이용하실 수 있습니다. (CIP제어번호 : CIP2019031425)

어린이제품 안전특별법에 의한 표시사항
제품명 도서 제조년월일 2019년 12월 5일 제조사명 김영사 주소 10881 경기도 파주시 문발로 197
전화번호 031-955-3100 제조국명 대한민국 ⚠주의 책 모서리에 찍히거나 책장에 베이지 않게 조심하세요.

차례

들어가는 말　7

밀림 속으로 사라지다　11

후끈하고 끈적한 날씨　20

열대우림에 우거진 식물들　35

열대우림에 도사리고 있는 동물들　57

밀림에서 살아가는 사람들　76

밀림을 헤치고 나아간 탐험가들　93

시시각각 사라지는 숲　114

열대우림의 미래는?　127

들어가는 말

한 가지 궁금한 게 있다. 선생님은 우주에서 온 외계인일까 (주의: 이것저것 잘 따져 봐야지! 괜히 선생님을 외계인으로 몰았다가 남은 학창 시절이 더욱 고달파지는 수가 있다.)?

역시 생각은 생각일 뿐, 가슴속에 고이 묻어 두는 편이 낫겠다. 사실 선생님과 외계인의 차이는 백지장 한 장쯤……. 하지만 선생님의 입에서 요상한 소리가 흘러나올 때면 "역시나!" 하고 무릎을 탁 치고 싶다. 도대체 무슨 소리인지 알아들을 수 있겠느냐고요!

* 특정 지역에 자라고 있는 식물의 모든 종류.
** 가지와 잎이 많이 달린 나무 윗부분.

보통 사람이라면 이렇게 말할걸. "열대우림은 껑다리 나무들이 자라는 울창한 숲이다." 그런데 선생님이 저렇게 쓸데없이 '헛소리'를 하는 걸 보면, 확실히 제정신이 아니다. 그렇다고 괴짜 선생님을 너무 몰아붙이진 말자. 지리 공부를 하다 보면 사람도 머릿속이 뒤죽박죽이 되는데, 머리 둘에 뇌가 두 개인 외계인이라면 오죽 헷갈릴까? 그래, 좋다! 선생님이 다른 행성에서 왔다고 '상상'해 보자. 외계인 선생님은 우리가 살고 있는 별난 세상을 어떻게 보고 있을까? 이런 장면을 떠올려 보자. 여러분은 머나먼 땡땡 행성에서 지리 수업을 듣고 있다……

행성 보고서(번호: 땡땡 델타 5.1)
우주 날짜: 170361

과제: '지구' 행성 관찰
(지구인들은 이 활동을 '지리'라고 함)

위치: 울창한 열대우림

서론: 열대우림은 푹푹 찌고, 비가 엄청 내리고, 매우 축축함(한 마디로 굉장히 후텁지근함). '나무'라는 굵고 딱딱한 꺽다리 생명체가 빽빽이 들어차 있음. 열대우림을 다 합쳐야 지구의 6%밖에 안 됨. 하지만 지구 동식물의 절반이 여기에 왕창 몰려 있음. 열대우림의 세계를 샅샅이 파헤쳐 보겠음. 기대하시라!

결론: 지구 학교에서는 어린 지구인들이 '선생님'이라는 어른

> 지구인에게 열대우림에 관해 주워듣고 있음. 그러거나 말거나 지구인들은 농장을 만들고 길을 닦느라 열대우림의 나무들을 마구 베어 내고 있음.
>
> **경고!** 본론이 빠졌다!

(확실히 지리 수업은 지구나 땡땡 행성이나 따분하긴 마찬가지다!) 차라리 이 책을 보고 열대우림에 관해 속속들이 알아보자. 열대우림은 비가 세차게 내려서 순식간에 물에 빠진 생쥐 꼴이 되기 십상이며, 한겨울에도 후텁지근하다. 세계에서 가장 많은 벌레들이 우글거리는 곳이기도 하다. 이제 여러분 앞에 열대우림이 펼쳐질 것이다. 《우글우글 열대우림》에서 여러분은······.

- 최초의 열대우림에서 살았던 공룡들과 식사를 해 본다.
- 어둠 속에서 기괴한 버섯들이 돋아나는 이유를 밝힌다.

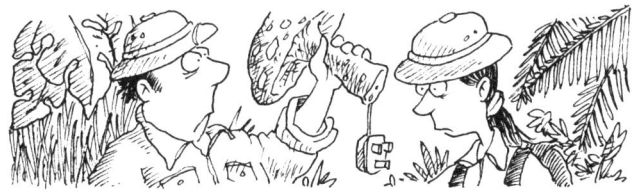

- 열대우림에서 살아가는 원주민들에게 야생 동물을 사냥하는 법을 배운다.
- 최고의 식물학자인 편과 함께 꽃에서 풍기는 양말 구린내를 맡아 본다. 우욱!

이 책은 지루하고 지긋지긋한 지리책이 아니다. 그대로 풀썩 주저앉을 만큼 흥미진진하다. 하지만 여러분이 직접 수풀을 헤치고 들어갈 생각이라면, 나뭇가지 하나라도 조심해야 할걸? 열대우림은 어여쁜 꽃과 열대 과일나무만 자라는 곳이 아니거든. 거친 야성이 살아 숨 쉬는 위험천만한 곳이기도 하지. 먹잇감을 노리는 재규어, 새만 한 나비, 식판만 한 거미, 육식을 하는 엽기 식물들이 곳곳에 도사리고 있으니 뒤통수에도 눈을 달아야 할걸?

정신 바짝 차릴 것! 절대로 샛길로 빠지면 안 된다. 자칫하면 길을 잃는다. 누구나 그럴 수 있다. 아무리 전문가라도 헛다리를 짚을 때가 있는 법. 용감무쌍한 탐험가인 퍼시 포셋도 일을 그르치고 말았다. 어느 화창한 날에 그는 남아메리카의 우림 탐험에 나섰고…… 그 뒤로 영영 보이지 않았다. 도대체 퍼시 포셋에게 무슨 일이 일어난 걸까?

밀림 속으로 사라지다

1906년, 영국의 런던

한 장교가 참나무로 된 낡은 문짝을 똑똑 두드렸다. 그는 야무진 얼굴에 콧수염을 덥수룩하게 길렀다.

"들어오게."

무뚝뚝한 목소리가 울려 나왔다. 장교는 문을 열면서 음침한 방 안을 들여다보았다. 먼지투성이 지도와 책들이 수북이 쌓여 있는 책상 너머로는 한 남자가 근엄한 표정으로 앉아 있었다.

"오, 포셋! 어서 오게나!"

그리고 다짜고짜 말을 이었다.

"자네가 할 일이 좀 있네. 혹시 볼리비아에 가 봤나?"

이렇게 묻는 사람은 영국왕립지리학회의 회장이었다. 왕립지리학회가 뭐하는 데냐고? 지도를 만들고, 세계 구석구석으로 탐험가를 내보내는 곳이다. 오늘 이곳에 온 사람은 육군 대령 퍼시 포셋이다. 포셋은 두루두루 재능을 갖춘, 쓸 만한 인물이다. 회장은 포셋에게 맡기고 싶은 일이 있었다. 그는 조금도 뜸 들이지 않고 죽 늘어놓았다. 그게 뭐냐면…….

볼리비아 정부는 자기 나라 지도가 필요하단다. 그래서 새 지도를 만들어 줄 수 있느냐고 왕립지리학회에 물었다. 이게 바로 퍼시 포셋이 온 이유다. 포셋은 배짱이 두둑하고, 아무리 힘들어도 꿋꿋이 이겨 내는 굳센 사나이다. 더구나 뛰어난 지도 제작자(지도를 그리는 고리타분한 사람을 고상하게 일컫는 말)이기도 하다. 한마디로 볼리비아 임무에 딱 들어맞는 사람이다.

딱 하나 걸리는 점이 있긴 하지만, 별거 아니다. 정확한 지도를 만들자면 위험한 동네를 지나야 한다. 지금까지 외부인은 발을 디딘 적이 없다. 그곳 원주민은 낯선 사람들을 반기지 않는다. 설사 포셋이 그곳에 발을 디딘다 해도, 몹쓸 병에 걸려서 나가떨어지거나 굶주린 재규어의 밥이 될지도 모른다. 이래저래 저승길이다. 나약한 겁쟁이라면 죽었다 깨도 못할 짓이다!

하지만 포셋은 나약한 겁쟁이가 아니었다. 오히려 무모하다고 해야 할까? 그는 조금도 주저하지 않았다. 마치 기다렸다는 듯 단박에 기회를 잡았다. 드디어 일생일대의 모험을 떠나는군! 1867년에 영국 데번의 바닷가 근처에서 태어난 포셋. 그에게 모험이란 중간 이름과도 같았다(진짜 중간 이름은 해리슨이다. 어쨌거나 모험을 할 운명을 타고났다고). 그는 어려서부터 세상 구경을 하고 싶었다. 하지만 열아홉 살 때까지 그가 본 세상은 따분한 데번 주가 다였다. 영국 군인이 된 포셋. 그는 스리랑카와 아일랜드, 몰타에 가 보았지만 곧 군대 생활에 질리고 말았다. 우아! 기막히게 따분한 나날이었다. 그는 아찔하고 짜릿한 모험을 하고 싶었다. 그래서 남아메리카로 떠났다.

1906~1914년, 남아메리카

1906년 6월에 포셋은 볼리비아의 라파스에 도착했고, 여기서 위대한 모험의 첫발을 내디뎠다. 첫 목적지는 험준한 안데스 산맥을 따라 높다란 곳에 자리한 티티카카 호. 티티카카 호로 가는 길은 울퉁불퉁한 바위투성이였다. 산 공기가 희박해서 숨 쉬기도 힘들었다. 노새들은 가파른 비탈에서 고꾸라지기 일쑤였다. 포셋도 그만 주저앉고 말았을까? 천만에! 우리의 용감무쌍한 영웅은 이를 악물고 묵묵히 걸었다. 가파른 오르막쯤이야! 그의 기는 조금도 꺾이지 않았다. 이윽고 포셋은 아마존 강으로 흘러드는 거센 물줄기의 출발점을 몇 군데나 지도에 그려 넣었다. 그러고도 짬이 나자 브라질의 마투그로수(아마존 우림이 우거진 곳)에 가 보기로 했다.

산을 타는 일은 그럭저럭 해냈지만, 마투그로수에서 우림을 헤치고 나아가기란 여간 어려운 일이 아니었다. 성가신 파리 떼와 숨 막히는 열기, 지독한 습기는 포셋과 그의 길동무들을 줄곧 괴롭혔다. 얼마 가지 않아서 온몸이 흠뻑 젖었고 옷에 곰팡이가 슬기 시작했다. 날이면 날마다 얽히고설킨 초록 덩굴(굵기가 사람 다리통만 하다)과 뱀처럼 휘감는 줄기들을 헤치고 한 발 한 발 나아가야 했다. 온 사방에 위험이 도사리고 있었다.

첫 번째로 어마어마한 뱀이 등장했다. 어느 날 포셋은 원주민 길잡이들과 함께 강 하구에서 배를 타고 있었다. 이 광경을 떠올려 보라. 날은 화창하고, 인생은 아름다워라! 포셋은 휘파람을 불고 있었는지도 모른다. 하지만 평온한 분위기는 오래가지 않았다. 느닷없이 카누가 기우뚱하더니 하마터면 뒤집힐 뻔했다. 세상에! 입이 떡 벌어질 만큼 커다란 뱀이 나타났다. 흉측한 대가리가 물 위로 솟구쳤고, 몇 미터나 되는 거대한 몸뚱이가 구불구불 드러났다.

하필이면 아나콘다의 공격을 받다니! 세계에서 가장 큰 뱀인 아나콘다는 길이 10m에 몸 둘레가 1m에 이른다. 사슴이나 염소만 한 동물도 너끈히 잡아먹는다. 어떻게? 차마 눈 뜨고 볼 수가 없다. 먼저 먹잇감을 잡고 둘둘 감아서 숨이 끊어지도록 꽉 조인다.

그러고는 통째로 집어삼킨다. 우욱, 메스껍군. 우리의 포셋이 기겁을 했느냐고? 당연하지! 그는 기겁해서 후닥닥 총을 잡고 탕, 쐈다. 징그러운 뱀은 그 자리에서 뻗고 말았다.

이게 다가 아니다. 포셋 일행은 원주민의 화살 세례를 받기도 했다(원주민은 포셋이 아코디언을 연주할 때면 공격을 딱 멈추었다. 포셋의 연주 솜씨에 원주민이 질겁했겠지!).

그들은 섬뜩한 털북숭이 거미들한테 시달리고, 끔찍한 흡혈박쥐들한테 죽도록 물어 뜯기는가 하면, 들소 떼의 공격을 받

기도 했다. 누군가는 강가에서 손을 씻다가 피라니아라는 물고기한테 물려서 손가락이 떨어져 나갔다! 야생 동물만 애를 먹인 게 아니다. 카누가 급류에 휩쓸려서 홱 뒤집히는 바람에 하마터면 폭포 아래로 떨어질 뻔했다.

급기야 식량이 바닥나서 굶어 죽을 지경에 이르렀다. 장장 열흘 동안 퀴퀴한 꿀과 야릇한 새알 말고는 아무것도 먹지 못했다. 그렇게 저승 문턱을 막 넘어서는 찰나에 사슴 한 마리를 잡았다. 그들은 걸신들린 듯이 사슴을 살점 하나 남김없이 먹어 치웠다.

1914년, 마침내 포셋은 지도를 다 그리고 영국으로 돌아왔다. 하지만 우리의 영웅은 쉴 틈이 없었다. 포셋은 곧바로 제1차 세계 대전에 참전했고, 전쟁이 끝나자 무공 훈장을 받았다. 이제 군대 생활은 끝났고, 그는 다시 밀림으로 돌아가고 싶었다. 하마터면 굶어 죽을 뻔하고 야생 동물들한테 그토록 시달렸는데…….

1925년, 브라질의 아마존 우림

　1925년 봄, 포셋은 다시 브라질로 떠났다. 그동안 이 지역을 좀 더 자세히 알아보기 위해 밀림을 몇 차례나 오간 적이 있었다. 하지만 이번엔 지겨운 지도 따위는 안중에도 없었다. 지난 몇 해 동안 포셋은 금과 은으로 된 멋진 건축물과 눈부신 수정 조각상들이 있는 전설의 도시를 꿈꿨다. 그는 그 도시에 관한 내용을 옛날 책에서 읽었다. 그리고 우습게도 그 도시에 제트(Z)라는 이름을 붙였다. 아! 제트에 가고 싶다!

　그곳은 울창한 밀림 깊숙한 곳에 자리하고 있단다. 그때까지 외부인의 발길이 닿지 않은 곳이다. 포셋은 과연 전설의 도시를 찾아냈을까? 아니면 가는 도중에 목숨을 잃었을까? 그 시절에 나온 신문을 살펴보면 아마도 이런 기사가 실렸을걸…….

지구일보

1925년 7월

브라질의 아마존 우림, 마투그로수

용감한 탐험가, 밀림 속으로 사라지다

영국의 탐험가인 퍼시 포셋 대령이 밀림에서 길을 잃었을지도 모른다며 걱정하는 사람들이 늘고 있다. 올해 58세인 포셋은 지난 4월에 아들 잭과 잭의 친구 롤리 림멜을 데리고 밀림 속으로 떠났다. 그들은 밀림 깊숙한 곳에 있다는 전설의 도시를 찾아 나선 길이었다.

포셋과 그의 아들

지난 5월에 포셋 일행은 원주민 길잡이들과 헤어졌다. 수풀이 빽빽하게 우거져서 말을 탈 수 없게 된 그들은 저마다 등짐을 지고 걸어가기로 했다.

등짐을 지고

원주민 길잡이들은 포셋이 아내에게 보내는 짤막한 편지 한 통을 전했다. 편지에 적힌 주소지는 듣기만 해도 오싹한 '죽은 말 캠프'였다. 편지엔 '걱정일랑 꽉 붙들어 매시오.'라고 적혀 있었다. 그 뒤로 포셋의 소식은 영영 끊기고 말았다.

포셋은 친구들에게 자기가 돌아오지 않더라도 구조대를 보내지 말라고 당부했다. 모두가 목숨을 잃을지도 모르기 때문이었다. 하지만 곧 그를 찾기 위한 수색 활동을 벌일 예정이다.

실종자들을 찾아서

퍼시 포셋의 절친한 친구 한 사람은 이렇게 말했다. "퍼시는 탐험가로 잔뼈가 굵었어. 무쇠 같은 사나이야. 지도는 또 얼마나 잘 보는데. 이제껏 길을 잃은 적이 단 한 번도 없어. 누가 뭐래도 우리 퍼시는 꼭 살아남을걸?" 그의 말이 맞기를 바란다.

안타깝게도, 이번이 포셋의 마지막 밀림 여행이 되고 말았다. 잇달아 수색대를 보냈지만, 그의 행방을 찾을 수가 없었다. 곧이어 온갖 소문이 나돌았다. 무슨 말을 믿어야 할지 알 수가 없었다. 포셋은 악어에게 잡아먹혔을까? 열병에 걸려서 세상을 떠났을까? 밀림에서 우왕좌왕하다 길을 잃었을까?

어쩌면 그 전설의 도시에서 행복하게 살고 있는지도 몰라! 아무도 알 수 없었다.

몇십 년이 흐른 뒤, 한 남자가 이 수수께끼를 풀겠다고 나섰다. 그는 포셋이 원주민에게 목숨을 잃었다고 주장했다. 자신의 말을 뒷받침할 만한 증거로 포셋의 유골을 가지고 있다고 했다. 그게 정말일까? 그 '포셋의 뼈'를 영국에 보내서 전문가의 감정을 받았다. 결과는? 다른 사람의 뼈로 밝혀졌다. 도대체 퍼시 포셋은 어떻게 되었을까? 오늘날까지 아무도 모른다.

자, 이제 대충 감 잡았지? 열대우림은 굉장히 위험한 곳이다. 동시에 흥미진진한 곳이기도 하다. 마음이 확 끌린다고? '열대우림'이란 위험 지대는 과연 어떤 곳일까? 여러분이 큰맘 먹고 가 보려 한다면, 가장 가까운 열대우림은 어디일까? 그곳엔 진짜로 밀림이 펼쳐져 있을까? 말만 요란하지 막상 가 보면 시시하지 않을까? 책장을 넘기면서 궁금증을 풀어 보길……

후끈하고 끈적한 날씨

열대우림이 어떤 곳인지 알아보려면, 직접 가서 보는 게 가장 좋다. 하지만 여러분이 사는 곳 가까이에 열대우림이 없는데, 당장 어디 가서 알아보느냐고? 그럼 간단한 실험을 해 보자.

여러분의 방에 들어가서 방의 온도를 한껏 올린다.

낙엽, 나뭇가지, 곰팡이가 핀 버섯들을 방바닥에 마구 뿌린다.

화분에 심은 식물(고무나무가 좋다)을 몇 개 가져다가 바닥에 놓는다(잘 자란 키 큰 식물을 골라야 한다. 우림에 우뚝 솟은 나무를 나타내니까).

진짜 용기가 있다면, 거미 한 움큼과 벌레 몇 마리를 잡아서 방 안에 풀어 놓는다. 좀 더 생동감을 줄 테니까.

물뿌리개로 방 안에 있는 모든 것들을 흠뻑 적신다. 여러분의 방은 후끈후끈한 열기와 축축한 습기로 가득할걸. 진짜 열대우림처럼!

(흠, 아무래도 마지막 단계는 상상만 해 보는 게 좋겠다.)

최초의 열대우림

최초의 열대우림은 약 1억 5000만 년 전에 생겨났다(여러분의 선생님도 그만큼 나이를 먹진 않았다). 고대 우림에는 공룡들이 즐겨 먹던 커다란 구과 식물(침엽수)이 빽빽이 들어차 있었다. 오늘날에도 그 식물의 자손들이 자라고 있는데, 예를 들면 칠레소나무가 있다(여러분의 집 정원에도 자라고 있을지 모른다). 칠레소나무는 나무 타는 동물이라면 진저리를 칠 만큼 가지마다 뾰족뾰족한 잎들이 달려 있다. 원숭이도 나무에 어떻게 올라가야 할지 모른다며 '몽키퍼즐나무'라고도 부른다.

영국에도 한때는 울창한 우림이 있었다. 설마? 하지만 사실이다. 영국의 식물학자들이 아주 오래된 꽃가루 화석을 찾아냈다. 약 5000만 년 전에 꽃을 피운 고대 우림의 나무에서 나온 꽃가루였다(그때는 꽤 무더웠겠지).

★ 요건 몰랐을걸!

19세기에 독일의 지리학자이며 식물학자인 알프레트 심퍼가 우림이라는 말을 지었다. 그는 비가 많이 내리는 숲에 딱 들어맞는 이름이라고 생각했다. 우리말로 우림은 비 우(雨)에 수풀 림(林)을 써서 역시 비가 많이 내리는 숲을 뜻한다. 어떤 사람들은 밀림 또는 정글이라고 부른다. '정글'은 원래 사막이나 황무지를 뜻하는 옛 인도어에서 나온 말이다(무슨 말인지 헷갈린다고?). 나중에 정글은 열대 수풀이 무성한 곳을 가리키는 말이 되었다. 다시 말해 울창한 우림이다.

열대우림은 어디에 있을까?

안녕? 난 펀이야('펀(fern)'은 양치류라는 뜻이다). 식물에 홀딱 반해서 열대우림이라면 환히 꿰고 있지. 어쨌거나 열대우림이 어디에 있느냐고? 음, 열대우림은 지구의 약 6%를 차지하고 있어. 거의 미국만 한 크기야. 커다란 열대우림 세 덩어리는 남아메리카와 아프리카, 동남아시아에 있어. 열대우림 부스러기는 태평양의 자잘한 섬들에 흩어져 있지. 그 아래요, 오스트레일리아 사람들이 퀸즐랜드에도 열대우림이 좀 있다던데. 직접 가기엔 여간 먼 거리가 아닐걸. 이 지도를 보면 여러분이 가 볼 만한 열대우림을 찾을 수 있겠네.

열대우림을 어떻게 구별할까?

지리학자에게 열대우림에 관해 알려 달라고 하면 뜬금없이 옛 역사를 들먹일지도 모른다.

살다 살다 이렇게 아름다운 광경은 처음 봅니다. 푸른 잎사귀를 두른 멋진 나무들이 저마다 꽃을 피우고 저마다 열매를 맺으니 온갖 새들이 속속 모여드네요. 작은 새들은 곱디고운 소리로 지저귀고…

으하하! 호들갑스럽긴! 1492년에 일류 탐험가 크리스토퍼 콜럼버스가 스페인의 국왕 부부한테 쓴 편지글이다. 하지만 저런 감상적인 말을 백날 들어 봐야 도움이 안 된다. 첫인상에 반했다가 낭패를 보기 십상인걸. 여러분이 열대우림을 속속들이 꿰는 지리학자가 되고 싶다면, 그런 얄팍한 태도는 버려야 한다. 그나저나 뭘 보고 열대우림인지 알 수 있느냐고? 코앞에 열대우림이 있어도 못 알아보면 어떡하느냐고? 걱정 마시라! 먼저 편이 전해 주는 열대우림의 일기예보를 들어 보고…….

오늘은 무덥고 끈적거리는 날씨가 예상됩니다. 아침엔 맑게 갠 하늘을 볼 수 있지만, 오후엔 구름이 끼면서 천둥 번개가 치고 폭우가 쏟아지겠습니다. 우산을 챙기는 게 좋겠지만, 억수같이 쏟아지는 비를 피할 수는 없겠죠. 오늘과 같은 날씨는 내일과 모레, 글피… 계속 이어집니다.

열대우림인지 아닌지를 알아내려면 뭐니뭐니 해도 날씨를 살펴야 한다. 열대우림의 별난 날씨는 세 가지 특징이 있다.

찜통더위

열대우림은 언제 가더라도 늘 덥다. 열대우림에서 화이트 크리스마스를 맞고 싶다면 하염없이 기다려야 할걸. 울창한 우림은 1년 내내 무더운 여름이다. 낮에는 기온이 30℃에 이르고 밤에도 별로 시원해지지 않는다. 게다가 날마다 똑같은 날씨다. 왜 이렇게 푹푹 찌느냐고? 아, 그건 우림이 어디에 있는지를 보면 알 수 있다. 우림은 적도 근처의 열대 지방에 있다(적도는 지구 한가운데를 빙 두르는 가상의 선으로, 지구를 남북으로 갈라놓는다). 이 지역은 태양이 늘 머리 위를 비추기 때문에 햇빛이 아주 강하다.

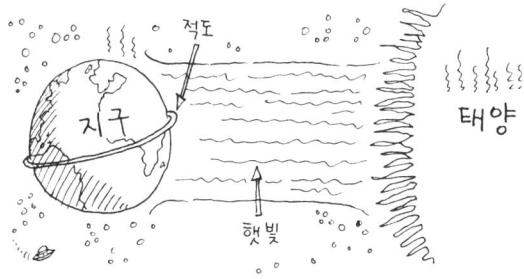

엄청나게 쏟아지는 비

열대우림에 갈 생각이라면 비에 젖을 각오를 해야 한다. 열대우림에는 거의 하루도 빠짐없이 비가 내린다. 지독한 지리학자들은 비가 1년에 적어도 2000mm는 쏟아져야 열대우림으로 친다. 강수량이 어마어마하지? 열대우림에 비가 엄청나게 쏟아지는 이유는 적도 부근에 자리하고 있기 때문이다. 거기선 비가 어떻게 내리기에? 뒷장에 나온 그림을 살펴보자.

게다가 워낙 무더운 날씨라서 빗물이 금세 증발한다(수증기가 된다). 또 더운 공기가 수증기를 머금고 올라가서 구름이 되고, 다시 비가 내린다. 비가 내렸다 하면 세차게 퍼붓는다. 1시간에 60mm씩 쏟아지기도 한다. 별거 아니라고? 욕조 한가득 채운 물을 머리에 한꺼번에 쏟아붓는 거나 마찬가지인데! 더구나 날이면 날마다 비가 내린다! 오후가 되면 하늘이 검붉게 물들면서 먹구름이 몰려온다. 번갯불이 번쩍하고 천둥소리가 울리면(우르르 쾅쾅!) 머잖아 폭우가 쏟아진다. 어이쿠, 물에 빠진 생쥐 꼴이 될라!

축축한 습기

열대우림은 푹푹 찌는 데다 끈적끈적하다. 과학자들이 쓰는 골치 아픈 전문 용어로 '습도'가 높다. 습도란 공기에 들어 있는 수증기의 양을 뜻한다. 더운 공기는 찬 공기보다 수증기를 많이 머금는다. 그러니까 열대우림에서 온몸이 끈적거리는 이유는 습도가 높기 때문이다! 습도가 높으니까 땀이 비 오듯 쏟아지고 옷에 푸릇푸릇한 곰팡이가 슨다. 여러분도 짐작하겠지만 머리끝에서 발끝까지 물기가 마를 새가 없다. 한마디로 후줄근한 차림에 지독한 악취를 풍기겠지!

선생님 골려 주기

모든 학생들이 교실 밖으로 나가야 하는데, 여러분은 손 하나 까딱할 힘도 없다. 어려운 전문 용어를 써서 그럴듯한 핑계를 대 볼까? 자, 손을 들고 선생님에게 깍듯하게 말한다.

선생님은 어려운 말을 듣고 어리둥절한 나머지 엉겁결에 허락해 줄지도 모른다. 그런데 여러분은 어쩌다가 다 된 밥에 코를 빠뜨린 거야?

> **답:**
> 맙소사! 하필이면 그런 말을! 여러분은 당장 교실 밖으로 나가는 게 좋겠다. '습지'란 습기가 많은 축축한 땅이고, '습지성'이란 습지를 좋아하는 성질이다. 그러니까 여러분이 습지성 식물이란 말인가? 울창한 우림에 가면 딱 좋겠군! 이건 전염성과는 거리가 멀다. 아무튼 감기에나 걸리지 않게 조심하길!
>
>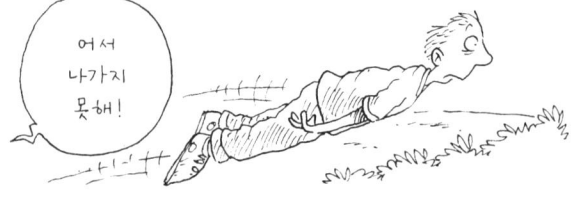

★ 요건 몰랐을걸!

여러분이 아마존 우림을 걸어서 가로지른다면, 아무리 적게 잡아도 한 달은 걸릴 것이다. 밤낮을 가리지 않고 줄기차게 걸어도 마찬가지다. 아마존 우림은 세계에서 가장 큰 우림이다. 다른 지역에 있는 우림들은 상대가 되지 않는다. 아마존 우림은 남아메리카의 아마존 강 유역에 펼쳐진 울창한 우림으로, 자그마치 600만km²에 이른다. 거의 오스트레일리아에 맞먹는 크기이다. 숲이 이 정도라니 상상만 해도 기가 질린다!

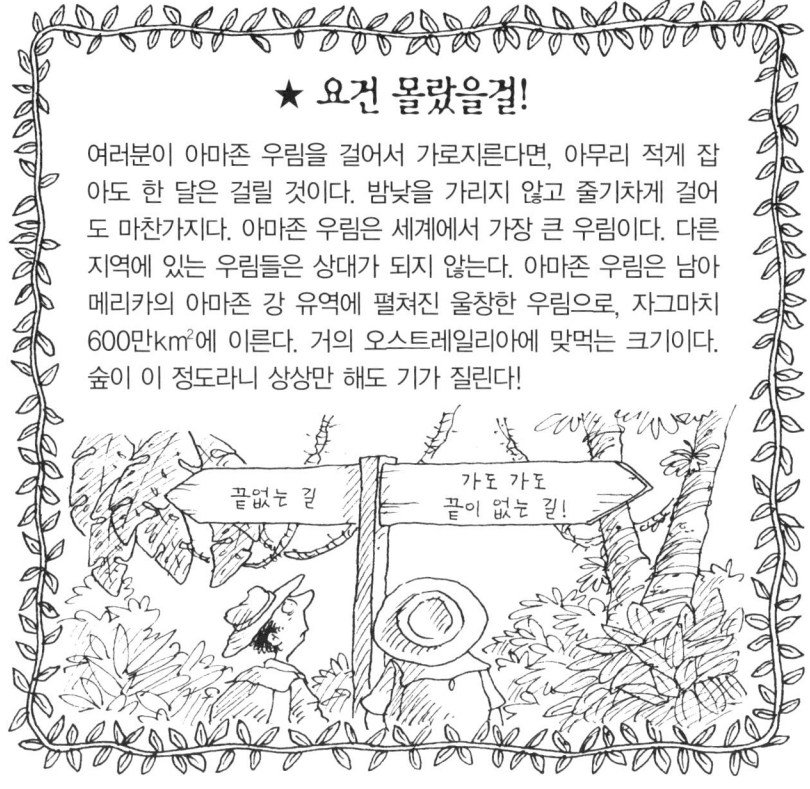

나무가 아니라 숲을 보는 법

언뜻 우림은 다 똑같을 거라는 생각이 들지도 모른다. 하지만 따지고 보면 우림도 제각기 다르다. 다만 서로 공통점이 많아서 구별하기가 힘들 뿐이다. 일단 모든 우림은 무덥고 비가 많이 내린다. 또 하나같이 울창하고, 푸르고, 습기가 많다. 그리고 신기한 동식물이 가득하다. 그러니 무슨 수로 구별하느냐고? 우림을 종류에 따라 갈라놓을 방법이 없을까? 사실 우림은 어디에 위치하느냐에 따라 다르다. 나무가 아니라 숲을 통째로 보자. 무슨 말이냐고? 전체적으로 보자는 얘기다. 편이 깔끔하게 정리해 놓은 우림 진상 파일을 보면 가닥이 잡힐걸.

1.

이름: 저지대 우림
위치: 적도 부근의 낮은 땅
특징: 무덥고 비가 많이 내린다.
키 큰 상록수(1년 내내 잎이
푸른 나무)들이 빽빽이 자란다.
어떤 나무들은 45m가 넘게
자라서, 삐죽 튀어나온
'꼭대기 층'을 이룬다. 키가
90m에 이르는 나무들도 있다.
그 아래로 무성한 잎들이
두꺼운 지붕 모양을 이룬다.
이 초록 지붕을 임관이라고 한다.
저지대 우림에는 온갖 동식물이 우글거린다. 굉장하지?

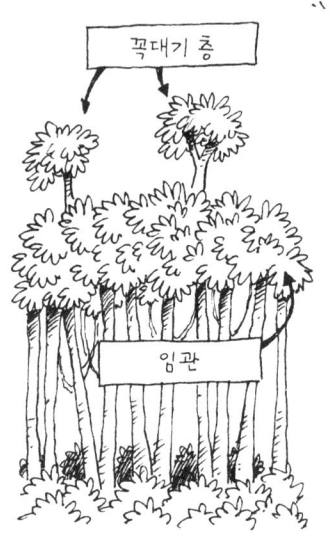

앞으로 이 숲에 대해 좀 더 자세히 알게 될걸. 이 책엔 주로 저지대 우림에 대한 얘기가 나오거든.

2.
이름: 산악 우림
위치: 열대 산악 지역
특징: 산허리에 있는 숲은 산기슭에 있는 숲보다 한결 시원하다. 위로 올라갈수록 서늘해진다. 숲은 축축하게 젖어 있고 늘 구름이 끼어 있다(그래서 운무림이라고도 부른다).

산악 우림은 이끼류와 지의류, 양치류 같은 습지성 식물이 살기에 딱 좋은 곳이다. 이 식물들은 으슥한 덤불 속에서 자란다.

3.

이름: 맹그로브숲

위치: 열대 해변이나 강어귀

특징: 열대 지방의 진흙투성이 습지에 있다. 강어귀(강물이 바다로 흘러가는 어귀)를 따라 맹그로브라는 특이한 나무가 자란다. 맹그로브의 뿌리는 얼기설기 얽혀서 진흙이 물살에 휩쓸려 가지 않게 단단히 붙들어 준다. 스노클(숨대롱)처럼 물 밖으로 튀어나온 뿌리로 공기를 호흡한다. 신기하지?

진흙 위를 괴상한 물고기가 펄떡펄떡 돌아다닌다.
이 물고기의 이름은 말뚝망둑어다.
인도와 방글라데시 사이에 있는 벵골 만을 따라 260km에 걸쳐 가장 큰 맹그로브숲이 펼쳐져 있다. 이곳에 가 볼 생각이라면, 호랑이를 조심하길. 이곳 호랑이는 낚시꾼을 곧잘 잡아먹거든.

4.

이름: 침수림

위치: 열대 지방의 강기슭

특징: 강물이 흘러넘치면 주변의 숲이 물에 잠긴다. 이 숲은 물속에서 몇 달을 내리 버틸 수 있다. 약 15m까지 물이 차오르면, 가장 키 큰 나무들만 빼고 모두 물에 잠긴다. 새나 원숭이는 키 큰 나무의 우듬지*로 몰려간다. 졸지에 보금자리를 잃고 수재민 신세가 되는 것이다! 굶주린 물고기들은 횡재를 한다. 수중 숲을 헤엄쳐 다니면서 과일이나 씨앗을 실컷 먹는다.

* 나무의 꼭대기 줄기를 뜻함.

다 좋은데, 숲은 따분하다고? 나무들은 재미가 없고 지루하 단 말이지? 하기야 나무가 뭘 할 수 있겠어? 온종일 우두커니 서 있기밖에 더하겠어? 한자리에 못 박힌 채 꼼짝 않는 나무, 장승처럼 서 있는 나무······. 차라리 강아지랑 노는 게 낫겠다 고? 천만의 말씀! 울창한 우림에는 기상천외하고 흥미진진한 식물들이 넘쳐 나는걸. 어떤 식물? 그럼! 산책을 즐기는 나무도 있고말고! 믿기지 않으면 계속 읽어 보길.

열대우림에 우거진 식물들

열대우림에서 맨 먼저 눈에 띄는 것은 뭐니뭐니 해도 푸른 잎이 우거진 수풀이다(아님 뭐겠어?). 마치 커다란 온실에 들어선 기분일걸(온실치고는 어마어마하지). 열대우림은 온도가 높고 습기가 많아서 식물이 1년 내내 쑥쑥 자란다. 하지만 지겨운 토마토나 품종을 개량한 달리아 꽃 따위는 보지 못할걸. 여러분의 할아버지가 온실에서 가꾸는 화초와는 사뭇 다르거든. 암, 그렇고말고. 열대우림엔 희한한 열매와 진귀한 식물들이 넘쳐난다. 여러분의 선생님 스무 명을 한 줄로 쌓아 올린 높이의 나무들이 자라는가 하면, 곰팡이 슨 치즈 냄새를 풍기는 꽃들이 활짝 피어나고, 악랄한 덩굴들이 이웃을 목 졸라 죽인다. 어이쿠! 좀 엽기적인가? 좀 더 자세히 들여다볼 만한 배짱이 있는가? 편이 두루두루 안내해 줄 것이다.

열대우림: 수풀 속으로

야호! 이곳은 울창한 우림이야. 온통 멋진 식물들로 가득하군. 천국에 온 기분이야. 참 내가 무아지경에 빠질 때가 아니군. 여러분한테 알려 줄 게 있어. 우림의 나무들은 층층이 자란다는 사실이지. 자, 그럼 숲 속 여행을 떠나 볼까? 우린 맨 위부터 차근차근 둘러볼 거야. 뭐라고? 나랑 같이 가는 거 아냐?

맨 위층: 꼭대기 층
어이구, 다리가 후들거리는군. 속도 울렁거리고. 내가 좀 횡설수설하더라도 봐줘야겠어…. 꺄악! 아무래도 내려다보지 않는 게 좋겠군. 이 나무들은 우림에서 가장 키가 큰 나무들이야. 어머나! 키가 장난이 아니군. 지상에서 60m나 뻗쳐올랐어. 나무 꼭대기가 축구장만 하게 펼쳐졌는걸. 이런 덩치 큰 식물은 봤나. 하기야 키가 워낙 크니까, 거센 바람이 몰아쳐도 끄떡없겠군. 애고고, 왜 이렇게 흔들리나? 사람살려! 여긴 벼락이 떨어지는 곳인데. 게다가 커다란 원숭이랑 독수리가 둥지를 틀었군. 저 독수리가 설마 지리학자를 잡아먹지는 않겠지? 일단 내빼고 보자!

두 번째 층 : 임관

후유! 그나마 좀 낫군. 이제 지리학자로서의 나의 참모습을 보여 줄게. 임관은 숲을 뒤덮는 커다란 초록 우산 같아. 싱그러운 잎사귀들이 약 6m 두께의 층을 이룬단다. 참 따뜻하군. 벌써 땀벌벅이 되었는걸. 하지만 우림의 생물들에겐 더없이 좋은 보금자리야. 우림의 동식물 중에 3분의 2가 이곳에 살고 있어. 어휴, 어찌나 우글우글한지! 나라도 빠져 줘야겠다. 난 좀 더 아래로 내려갈게. 언제쯤 땅을 밟으려나….

세 번째 층 : 하층

여긴 덩치가 작은 나무들이 자라는군. 날씬한 야자나무나 어린 나무 따위가 자라고 있어. 나 같은 지리학자를 떠받칠 힘이 없으니 오래 머물긴 글렀군. 그나저나 이 나무들은 언제 쑥쑥 크느냐고? 늙은 나무가 죽거나 큰 나무가 폭풍에 쓰러져야지. 그래야 어린 나무가 햇빛을 좀 받을 거 아냐. 이 나무들은 보통 키가 15m쯤 자라는데, 나무에는 온통 덩굴식물이 뒤엉켜 있어. 타잔이 바로 이런 곳에서 살았잖아. 그 덩굴은 어디에 있냐? 아~아아~아악!

네 번째 송: 숲 바닥

에헴! 엉덩방아를 찧긴 했지만, 어디 부러진 데는 없군. 다행이지 뭐야. 여긴 어두컴컴해서 웬만한 식물은 자랄 수가 없어. 습기라면 환장하는 이끼류나 진균류* 양치류는 널려 있는데, 바닥엔 낙엽이 수북이 깔렸어. 낙엽 밑에는 노래기 따위의 벌레들이 기어 다니고…. 으악! 난 벌레는 질색이야! 어, 그러니까… 발밑을 조심하라고. 얼핏 보면 나뭇가지인데 맹독을 품은 독사일지도 몰라. 쉿쉿!

*진균류는 나 같은 식물학자들이 버섯이나 곰팡이 따위를 일컫는 말이야. 독버섯도 진균류라고.

오싹오싹 건강 경고: 내 발가락 어떡해!

온종일 도보 여행을 하고 나서 양말을 벗어 보라. 세상에, 이런 일이! 발가락에 곰팡이가 슬어서 온통 푸르죽죽하다! 진정하길. 축축한 우림에선 뭐든 금방 상하는 법. 이 섬뜩한 곰팡이는 진균류의 하나이다. 진균류는 보통 숲 바닥에서 낙엽이나 동물의 시체를 먹어 치운다. 아마 구린내 나는 발도 마다하지 않을걸(진균류는 식성이 까다롭지 않거든)? 진균류는 먹잇감에 들어 있는 영양분을 빨아 먹는다. 진균류가 죽어 썩으면, 그 영양분이 흙에 스며든다. 열대우림의 나무들에게 이보다 좋은 일이 또 있을까! 뿌리가 영양분을 빨아들여서 나무가 무럭무럭 자란다. 발에 낀 곰팡이는 어떡하느냐고? 발에 물기가 없게 보송보송 말려야지. 말처럼 쉽진 않겠지만.

식물에 관한 여덟 가지 신기한 사실

여러분도 펀처럼 우림을 속속들이 꿰는 식물학자가 될 수 있을까? 될성부른 나무는 떡잎부터 알아본다고, 여러분이 이 신기한 사실들을 낱낱이 알아 두면 선생님의 코를 납작하게 만들 수 있을걸. 하지만 우림의 식물을 얕보다간 큰코다친다. 우림의 식물은 아빠가 꽃밭에 심어 놓은 장미나 수선화처럼 다소곳

하고 얌전하게 줄 맞추어 자라지 않는다. 초록 괴물처럼 제멋대로인 데다 사방팔방에서 미친 듯이 자라서…….

  1. 우림에서 자라는 나무의 수는? 몇백만 그루쯤. 모두 세어 본다면 얼마나 걸릴까? 몇 년쯤. 여러분은 그렇게 지리 공부를 곱절로 하고 싶은가? 그런데 막상 나무를 종류별로 정리하자면 고생깨나 할걸. 축구장만 한 넓이에서 무려 200종의 나무들이 자라거든. 별거 아니라고? 온대림(좀 더 서늘한 숲)에선 10종을 찾으면 많이 찾은 거다.

  2. 집 아홉 채를 포개고 그 위에 여러분의 집을 얹는다고 상상해 보자. 우림의 키 큰 나무들은 그만큼 높이 자란다. 그래서 바람에 쓰러지지 않게 나무줄기에서 굵은 뿌리가 뻗어 나와 나무를 땅에 단단히 붙들어 맨다. 이 뿌리는 높이가 5m에 이른다는 점만 빼고, 마치 텐트를 받쳐 주는 버팀줄과 같다. 이 정도 버팀줄이면 얼마나 큰 텐트를 칠 수 있지?

  3. 어떤 식물은 혼자 힘으로는 햇볕을 쬘 수가 없다. 다른 식물을 타고 올라가야 한다. 열대목본덩굴식물은 열대우림에서 자라는 덩굴식물이다. 줄기가 나무처럼 딱딱하고, 굵기는 사람의 다리통만 하다. 긴 덩굴은 200m까지 자라는데, 줄기를 잡고 나무 사이를 옮겨 다닐 수 있을 만큼 질기고 튼튼하다(영화 속에서 타잔이 이 나무에서 저 나무로 옮겨 다닐 때 잡은 줄이 바로 이 덩굴식물이다). 처음엔 보통 식물처럼 땅에 뿌리를 내린다. 이윽고 가까운 나무를 휘감기 시작한다. 나무가 자라면 덩굴식물도 덩

달아 자라서 햇빛을 받는다.

4. 우림의 나무들이 햇빛을 받으려면 높이 자라야 한다. 선탠을 하려는 것은 아니다. 여러분도 알다시피 식물은 입이 궁금하다고 가게로 냅다 달려갈 수가 없다. 식물은 즉석 음식을 손수 만들어야 한다. 그러려면 햇빛이 필요하다. 식물이 어떻게 양분을 만드는지 살펴보자.

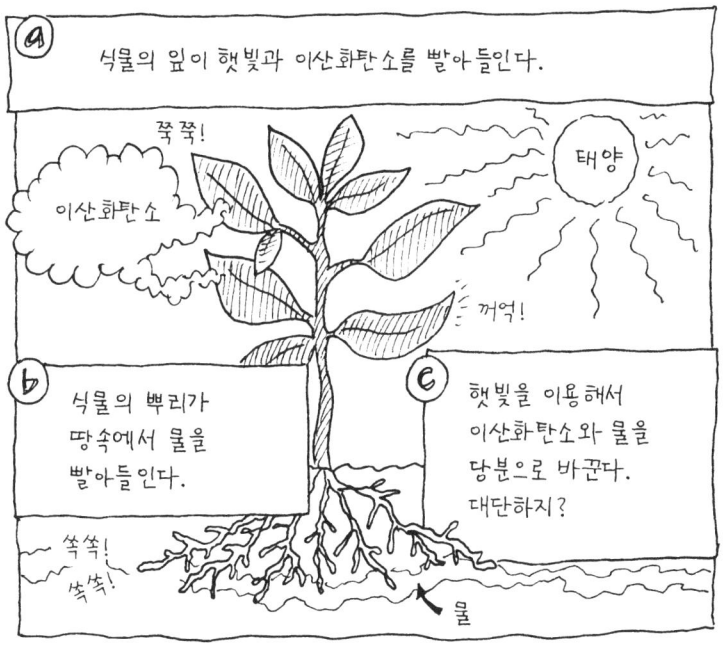

5. 숲 속에서 나무 한 그루가 꽈당 쓰러지면, 그 아래에 사는 식물들은 마른하늘에 날벼락이 따로 없다. 큰 나무에 꼼짝없이 깔리고 말거든. 하지만 죽마를 탄 야자나무(일명 '걸어 다니는 야자나무')는 그대로 주저앉지 않는다. 이 재간둥이는 죽마 같은

뿌리를 뻗쳐서 위기를 벗어난다. 이 나무는 이리저리 옮겨 다니거든. 옳지! 이 야자나무가 바로 산책할 수 있는 나무란다!

6. 어떤 식물은 구태여 땅에 뿌리를 내리지 않는다. 식물학자들은 이런 식물을 두고 '착생식물'이라고 한다. '착생'이란 다른 데에 달라붙어서 산다는 말이다. 착생식물은 다른 식물에 들러붙어서 자란다. 이 수완 좋은 식물은 씨앗이 바람에 실려 오거나 새똥이 떨어진 자리에서 자란다(새똥에 씨가 박혀 있었지). 착생식물은 나뭇가지에 터를 잡고 뿌리를 대롱대롱 늘어뜨린 채 축축한 공기 중의 수분을 빨아들인다.

7. 착생식물 중에는 이국적인 난초류와 브로멜리아드가 유명하다. 브로멜리아드는 파인애플과 식물로, 뾰족한 잎들이 겹쳐서 양동이 모양이 된다. 비가 오면 이 양동이에 빗물이 고이는데, 이곳은 개구리의 놀이방으로 딱 좋다! 어찌 된 일이냐고? 먼저 어미 개구리가 근처에 알을 낳는다. 새끼가 알에서 깨어나면, 어미가 새끼들을 등에 업고 브로멜리아드 연못으로 간다. 새끼들은 물에 빠진 곤충을 잡아먹으면서 무럭무럭 자란다. 으하하!

8. 숲 속의 식물들은 치열한 햇빛 전쟁을 벌인다. 개중에는 반칙을 서슴지 않는 식물도 있다. 교살자무화과('교살'은 목을 졸라 죽인다는 뜻)는 다른 나무의 가지 위에서 싹을 틔우고, 나무를 에워싸면서 옥죄기 시작한다. 점점 더 세게……. 그리고 뿌리를 땅속으로 뻗쳐서 나무가 먹을 물을 모조리 가로챈다. 이 악랄한 식물은 나무의 목을 조르면서 햇빛마저 빼앗는다. 나무가 죽어 썩으면 무화과나무의 뒤엉킨 뿌리만 섬뜩하게 남는다.

맞춤 꽃: 꽃가루 좀 날라다 줘

열대우림에서 피어나는 꽃들은 무화과나무의 뿌리처럼 꼴사나운 속바지 차림이 아니다. 열대우림에서 자란다고 너나없이 저 무화과나무처럼 엉큼하고 야비하진 않다. 흐음, 말이야 바른대로 말이지, 뒤로 나자빠지게 어여쁜 꽃들도 있다. 그렇지만 꽃들은 우쭐대거나 뽐내려고 단장을 하는 게 아니다. 다만 새나 곤충 따위를 끌어 들여서 꽃가루받이를 하려는 것일 뿐.

> 꽃가루받이는 꽃이 씨를 만드는 과정이야.
> 꽃은 꽃가루 알갱이로 가득해. 이 꽃가루를 다른 꽃에게(꽃의 종류는 같고)
> 옮겨야 한단다. 열대우림에선 주로 동물이 꽃가루를 날라다 주더군.
> 꽃가루를 건네받은 꽃은 씨를 만들고, 그 씨앗이
> 아기 식물로 자란단다. 꽃가루받이가 얼마나 중요한지
> 가슴에 팍팍 와 닿지? 꽃가루받이가 안 되면 울창한 우림도 없어.
> 그래서 꽃들이 자나 깨나 애를 쓰고 있지.

　꽃들은 꽃가루를 날라 줄 동물의 관심을 끌어야 한다. 일단 잘 보이고 봐야지. 그래서 향기나 색깔로 승부를 걸거나 원하는 동물에게 딱 어울리는 생김새를 갖춘다. 그래야 소원을 이루지. 동물은 공짜로 일을 할까? 꽃가루만 날라다 주고 국물도 없느냐고? 흐음, 동물은 달콤한 꽃꿀을 먹는다. 꽃이 달짝지근한 시럽을 만들어 준다고 보면 된다.

　하지만 동물들이 아무 꽃에나 무턱대고 찾아가진 않는다. 나름대로 꽤나 까다롭게 군다. 흔히 꽃들은 특정한 동물을 겨냥해서 그 동물에게 딱 맞추어 피어난다. 여러분이 배고픈 벌새라고 치자. 이 세 가지 맞춤 꽃들 중에 어느 꽃으로 가겠는가?

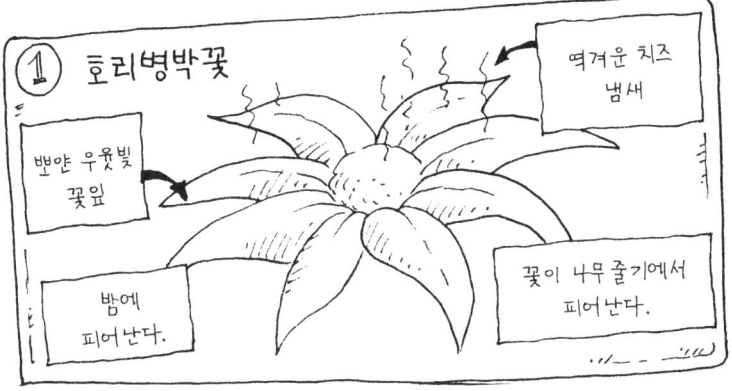
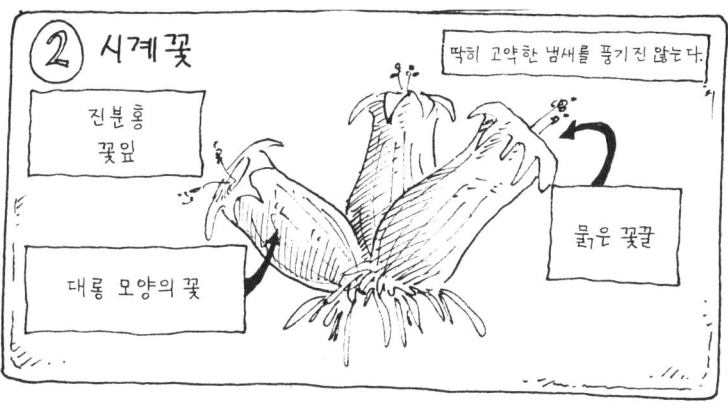

답:
2. 시계꽃과 벌새는 천생연분이다. 새들은 시력이 엄청나게 좋고, 확 튀는 색을 좋아한다. 새들을 꼬드기려고 지독한 냄새를 풍겨 봐야 새들은 콧방귀만 뀔 뿐이다. 벌새의 긴 부리는 대롱 모양의 꽃에 담긴 꽃꿀을 먹기에 안성맞춤이다. 벌새가 부리를 찔러 넣고 긴 혀로 꽃꿀을 빨아 먹는 사이에 벌새의 머리엔 꽃가루가 달라붙는다.

벌새는 덩치는 작아도(벌만 한 벌새도 있다!) 식욕은 왕성하다. 사람으로 치면 하루에 식빵 덩어리를 130개씩 먹는 정도다. 치즈 샌드위치를 1000개 이상 먹는 셈이지. 헉! 혹시 궁금할지 몰라서 덧붙이면 1. 호리병박꽃은 박쥐가 꽃가루를 옮겨 준다. 박쥐는 야행성이다(낮에는 자고 밤에 날아다닌다). 이 영특한 꽃이 피어나는 시간도 밤이다. 꽃이 우윳빛이라 어둠 속에서도 금방 눈에 띈다. 게다가 박쥐는 역겨운 치즈 냄새를 좋아한다. 자기 몸 냄새랑 비슷하거든. 호리병박꽃은 나무줄기에서 피어나니까 다가가기도 쉽다. 박쥐의 섬세한 날개가 뾰족한 나뭇가지에 걸려 찢길 염려가 없다. 박쥐는 넉넉한 공간에서 마음 놓고 꽃꿀을 먹는다.
3. 두레박난초는 벌이 꽃가루를 옮겨 준다. 벌은 향긋한 꽃 냄새에 쏙 반한다. 점무늬 꽃잎은 안내판과 같다. 이쪽으로 앉으세요! 벌은 두레박 끄트머리에 내려앉는다. 그런데

이 자리가 여간 미끄러운 게 아니다. 벌은 그만 발을 헛디뎌서 두레박 속으로 풍덩 빠진다! 두레박엔 물이 한가득 담겨 있다. 과연 빠져나갈 수 있을까? 당연하지! 하지만 쉽진 않다. 벌은 꽃 속에 난 좁은 통로를 기어올라 샛문으로 허위허위 빠져나간다. 그 전에 꽃가루 두 덩이가 벌의 등허리에 얹힌다. 철퍽! 철퍽!

꽃으로 마음을 전해 볼까?

꽃은 사람의 마음을 이상야릇하게 뒤흔들어 놓는다. 선생님도 꽃 앞에선 흐물흐물 녹아내린다! 혹시 선생님에게 부탁을 하거나 허락을 받고 싶은 일이 있는가? 먼저 열대우림의 꽃 한 다발로 환심을 사는 게 어떨까? 저 별난 식물들은 빼고! 저것들은 냄새도 맡아선 안 된다. 괜히 선생님의 비위만 건드릴라! 과연 어떤 식물을 피해야 할까? '통통 아줌마의 별난 꽃집'에 들러서 알아보자.

생김새: 길고 뾰족한 자루에 흰 망사를 둘렀다.
별난 점:
① 이 별난 버섯은 고약한 냄새가 코를 찌른다. 썩은 고기 냄새와 화장실에서 나는 악취가 뒤섞여 있다.
② 파리들이 몰려와서 버섯의 끈끈한 액체를 빨아 먹는다. 파리 몸통엔 포자(버섯이 자라는 홀씨)가 덕지덕지 묻는다.
③ 열대우림엔 야광 버섯도 있다. 버섯이 어둠 속에서 빛을 내다니! 그 이유는 전문가도 모른다. 혹시 버섯을 훔쳐 먹는 딱정벌레를 쫓으려고……?

이 버섯은 멋진 볼거리야. 생일이나 크리스마스 분위기에 딱 어울리지. 집 안 가득 정화조 냄새를 풍기고 파리 떼가 들끓게 하려면 말뚝버섯을 고르길.

이름: 벌레잡이식물
자라는 곳: 아프리카, 동남아시아, 남아메리카, 오스트레일리아

별난 점:
① 벌레가 주머니 잎 끝에 내려앉아서 꽃꿀을 찾다가 봉변을 당한다. 벌레는 미끈미끈한 가장자리에서 물웅덩이로 빠진다. 여기선 빠져나갈 길이 없다. 식물은 소화액을 뿜어서 벌레의 몸통을 녹이고는 쪽 빨아 먹는다.

② 벌레잡이식물 중엔 트럼펫이나 샴페인 잔, 전등을 닮은 것도 있다. 심지어 변기 모양도 있다. 변기에 뚜껑도 달렸지!

③ '라자'라는 식물은 벌레잡이식물 중 덩치가 가장 크다. 이 무시무시한 식물은 물을 한 양동이나 담고 쥐만 한 동물도 잡는다.

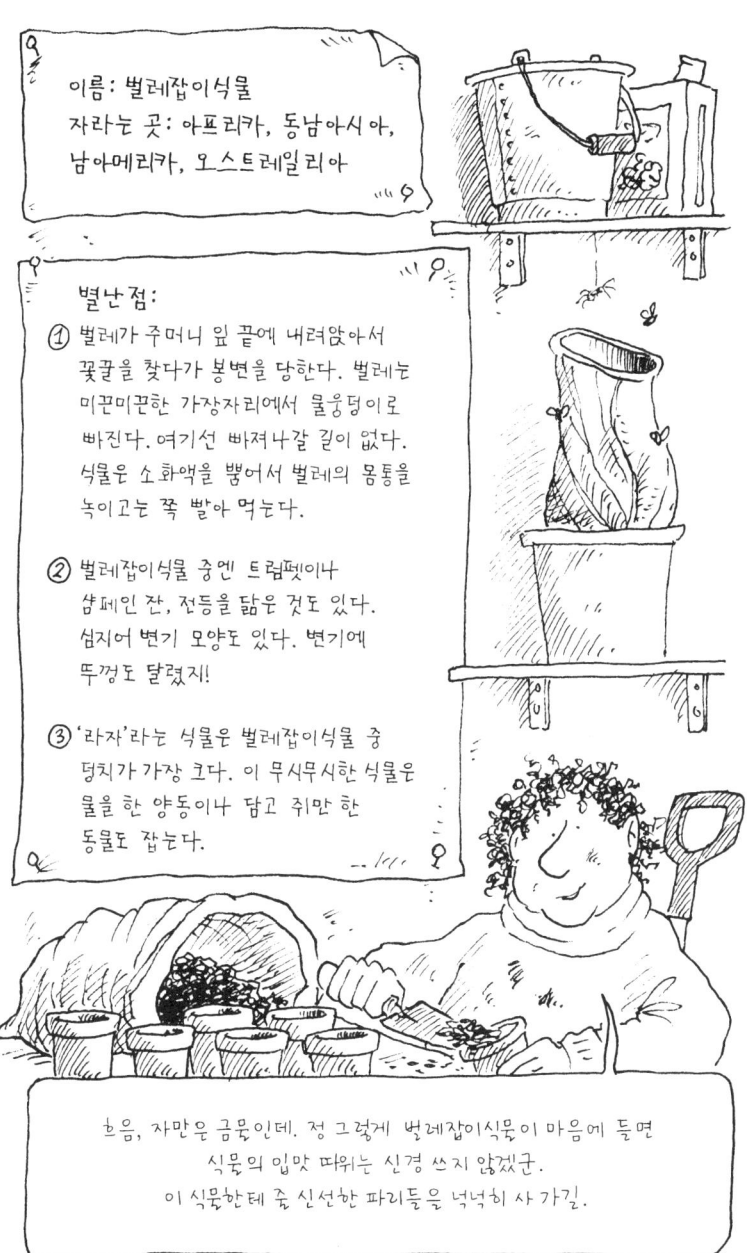

흐음, 자만은 금물인데. 정 그렇게 벌레잡이식물이 마음에 들면 식물의 입맛 따위는 신경 쓰지 않겠군. 이 식물한테 줄 신선한 파리들을 넉넉히 사 가길.

★ 요건 몰랐을걸!

두리안은 생선 썩는 냄새를 풍기지만, 맛 좋은 과일이다. 특히 오랑우탄이 좋아하는 열매다. 오랑우탄은 커스터드 맛이 나는 이 신선한 과일을 즐겨 먹는다. 워낙 게 눈 감추듯 먹어 치워서 미처 씨를 뱉을 겨를이 없다. 나중에 똥을 누면 씨가 섞여 나온다(비위가 약한, 나이 드신 이모와 차를 마실 땐 이런 메스꺼운 얘기를 꺼내지 않는 게 좋다).

두리안 나무로선 환호성을 올릴 만한 일이다. 두리안 씨앗이 숲 속 곳곳에 뿌려져서 뿌리를 내리고 싹을 틔울 수 있다니! 게다가 오랑우탄의 큼직한 똥 덩어리를 밑거름 삼아 무럭무럭 자라서 튼실한 나무가 된다!

세상을 발칵 뒤집어 놓은 씨앗

씨앗은 사납고 모진 데 없이 그저 조용히 싹을 틔울 뿐이라고? 하기야 수수한 씨앗 한 줌이 온 세상을 떠들썩하게 할 줄은 아무도 몰랐을걸. 하지만 그런 일이 실제로 일어났다. 온갖 무성한 소문의 주인공은 바로 고무나무의 씨앗이다. 대체 무슨 일인지 차근차근 알아보자.

고무나무 씨앗에 얽힌 진실

고무나무는 말 그대로 고무를 얻을 수 있는 나무이다. 남아메리카에서 자라는 파라고무나무가 대표적이다. 파라고무나무의 나무껍질에 흠을 내면 우윳빛 액체가 흘러나온다. 이것을 '라텍스'라고 하는데, 바로 이 액체로 고무를 만든다.

고무는 쓰임새가 많다. 자동차 타이어나 고무줄을 만들고…… 지리 숙제를 할 때면 틀린 부분을 박박 문질러 지울 수도 있다. 더구나 고무는 값싸고 손쉽게 구할 수 있다. 그래서 사람들이 고무를 돈 나오는 도깨비방망이쯤으로 생각한 것도 무리는 아니다.

야생 고무나무를 처음 본 유럽 사람은 프랑스의 탐험가이며 과학자인 샤를 마리 드 라 콩다민(1701~1774)이다(원주민들은 고무에 대해 이미 알고 있었다. 그들은 진작부터 통통 튀는 고무공을 만들었고, 카누가 물에 젖지 않게 고무를 씌웠다).

1743년에 콩다민은 뗏목을 타고 아마존 강 하구를 여행하면서 겪은 일들을 책으로 썼다. 그 책엔 전기뱀장어에게 얼얼한 충격을 받았다는 이야기와 난생 처음으로 고무나무를 보았다는 말이 나온다. 콩다민은 소지품을 담을 고무주머니를 만들었고, 고무로 만든 갖가지 잡동사니를 기념품이라고 고국에 보냈다.

콩다민이 고무를 발견했다는 소식이 알려지자 유럽은 흥분의 도가니가 되었다. 고무는 통통 튀어 오를 뿐 아니라 물이 스며들지 않게 하는 성질이 있다. 스코틀랜드의 과학자인 찰스 매킨토시는 고무로 웰링턴 부츠(고무장화)와 비옷(그의 이름을 따서 매킨토시 비옷이라고 불렸다), 방수용 천을 만들었다. 그 뒤에 미국의 발명가인 찰스 굿이어는 고무로 자동차의 타이어를 만드는 법을 알아냈다. 고무 타이어는 불티나게 팔렸다. 곧이어 온 세계가 고무 열풍에 휩싸였다. 하지만 아쉽게도 고무나무는 머나먼 브라질에서만 자랐고, 이른바 '고무 남작'이라고 불리는 재벌들이 고무를 팔아서 이익을 챙겼다. 고무 남작들은 돈 방석에 올라앉아 떵떵거리며 지냈다.

그런데 얼마 안 있어 영국의 젊은 식물학자인 헨리 위컴(1846~1928)이 이런 상황에 마침표를 찍었다. 1876년에 영국 정부는 고무나무 씨앗을 브라질에서 몰래 들여오는 일을 위컴에게 맡겼다. 위컴은 딱히 할 일도 없던 터라 이 일에 냉큼 뛰어들었다.

위컴은 고무나무 씨앗 7만 개를 모아서 상자에 꾹꾹 눌러 담고, 바나나 잎사귀로 꽁꽁 싸맸다. 그런 다음 이 귀중품을 영국으로 실어 갈 배를 빌렸다.

누가 물으면 영국의 큐 왕립식물원에 보낼 식물 표본이라고 어물쩍 둘러댔다. "고무나무 씨앗을 가져가요." 했다간 브라질을 빠져나갈 수 없었겠지. 브라질 사람들은 위컴의 말을 곧이곧대로 믿었다. 덕분에 위컴은 씨앗을 들고 무사히 영국으로 돌아왔다. 영국의 큐 왕립식물원에서는 귀한 고무나무 씨앗이 7000개쯤 싹을 틔웠다. 영국 사람들은 어린 고무나무를 스리랑카와 말레이시아의 대농장에 보내 재배했다. 고무나무는 몇 년 만에 수백만 그루로 불어나서 해마다 수백만 톤씩 값싼 고무가 생겨났다. 그러니 브라질의 고무 남작들은 쫄딱 망할 수밖에!

위컴은 수고비로 700파운드를 받고 기사 작위도 받았다. 하지만 그가 씨앗을 훔쳤다는 소문은 좀처럼 잦아들지 않았다. 사람들은 이러쿵저러쿵 말이 많았다. 위컴이 나라를 위해 큰일을 했다고 치켜세우는가 하면, 야비한 식물 도둑이라며 거세게 몰아세웠다. 요즘 같으면 이렇게 식물을 빼돌렸다간 큰일 날 걸. 위컴은 온갖 소란을 피해 오스트레일리아로 갔다. 이번엔 담배와 커피 농사에 손을 댈 참이었다. 그런데 떳떳지 못한 뒷거래를 하다가 그만 돈을 몽땅 잃었다. 이 딱한 사나이는 끝내 실패를 딛고 일어서지 못했다. 쯧쯧!

그런데 열대우림의 덤불 속에 이런 식물만 있는 것은 아니다. 혹시 누군가 여러분을 지켜보고 있다는 느낌이 들지 않는가? 그렇지! 수풀 속에 뭔가 도사리고 있다! 이제 그 수상한 녀석들의 정체를 밝혀 볼까? 자, 숨을 깊이 들이쉬고…….

열대우림에 도사리고 있는 동물들

이런 장면을 떠올려 보자. 열대우림의 한낮이다. 여러분은 누군가 지켜보고 있다는 오싹한 기분에 사로잡혔다. 하지만 낯선 도마뱀 한 마리뿐, 주위엔 아무도 없다. 희한하군. 울창한 우림엔 수많은 동물들이 살고 있다는데, 다들 어디로 갔느냐고? 하하! 여러분의 눈에 띄지는 않더라도 수많은 동물들이 숲속 어딘가에서 분명히 살아 숨 쉬고 있다. 진짜다. 그중엔 야행성 동물이 많다. 다시 말해 낮에는 자고 땅거미가 지면 먹이를 찾아 나선다(낮에 활동하는 동물은 밤이 되면 잠자리에 든다. 그러니까 먹잇감이 곳곳에 널린 셈이지). 낮에 깨어 있는 동물은 여간 조심스럽지 않다. 그러니까 어떤 동물이 주위에 도사리고 있거나 다가오더라도 여러분은 쉽사리 알아차리지 못한다. 여기서 잠깐! 여러분의 눈이 번쩍 뜨일 만한 사실이 있다. 열대우림에서 가장 흔한 동물은 크고 사나운 짐승이나 털북숭이 동물이 아니다. 바로 신기한 곤충이나 시시한 벌레 따위이다.

> 곤충을 연구하는 학자를 곤충학자라고 하지. 영어로 곤충학자는 '잘게 썬다'라는 뜻을 나타내는 고대 그리스어에서 나온 말이야. 곤충은 세 부분으로 '썰어 놓은' 것처럼 보이잖아. 곤충학자는 어떻게 곤충을 연구할까? 딩동댕! 곤충을 '토막 내기' 바쁘지, 뭐 (곤충은 속 터질 이야기). 어쨌거나 난 꽃들한테 마음을 쏟고 있어. 어휴, 곤충 얘기를 하나 보니 온몸에 벌레가 스멀스멀 기어 다니는 기분인걸.

꼬리에 꼬리를 무는 개미

뜰에 있는 이끼 낀 돌 하나를 들어 보라. 조그만 벌레 몇 마리가 허둥지둥 달아날걸. 어두침침한 구석이나 틈새를 찬찬히 살펴보라. 거미 한 마리쯤 움찔하겠지. 아아, 곤충을 원 없이 볼 수 있는 곳은 어디일까? 바로 울창한 열대우림이다. 열대우림의 나무 한 그루만 잡아 흔들어도 자그마치 1500종의 곤충이 쏟아져 나올걸? 진짜라고.

곤충학자들은 열대우림의 곤충을 100만 종 남짓 헤아렸지만, 아마도 수백만 종은 더 있을걸. 곤충은 덩치는 작지만 굉장한 재주꾼들이 많다. 먼저 놀라운 개미들을 살펴볼까…….

1. 열대우림의 나무 한 그루엔 개미들이 몇 종류나 살고 있을까? 감이 안 잡힌다고? 정답은 약 50종이다. 고작 그 정도냐고? 하지만 영국에 사는 개미란 개미를 다 모아야 겨우 50종이다. 열대우림의 나무가 수백만 그루라는 점을 생각해 보면, 실로 어마어마하게 많은 개미들이 열대우림에 살고 있는 것이다. 열대우림에 사는 동물 중에 3분의 1이 개미라고 한다. 개미는 식물의 줄기나 이파리부터 여러분의 바지 속에 이르기까지 꼬리에 꼬리를 물고 안 가는 데가 없다. 개미한테 물리지 않게 조심!

2. 잎꾼개미는 깨알만 한 녀석인데 힘은 천하장사다. 이 놀라운 곤충은 제 몸무게보다 50배나 무거운 잎사귀를 번쩍 들어 올린다. 이를테면 사람이 코끼리를 들어 올리는 거나 마찬가지다. 우아! 대단하군!

3. 잎꾼개미는 잎을 잘라서 땅속 둥지까지 물고 간다. 그 잎을 잘근잘근 씹은 다음 똥과 침을 섞어서 거름을 만든다. 그리고 여기에 버섯을 길러 먹는다. 버섯을 기르는 개미들은 시시때때로 잡초를 뽑아 주면서 텃밭을 잘 가꾼다.

4. 재봉사개미는 나뭇잎을 명주실로 꿰매서 아늑한 보금자리를 마련한다. '재봉사'이긴 해도 바늘과 실을 써서 바느질을 하진 않는다. 그건 고리타분한 방식이거든. 재봉사개미는 자기 애벌레를 밀고 당기면서 나뭇잎 두 장 사이를 한 땀 한 땀 오가게 한다.

어른 개미가 애벌레를 쥐어짜면 애벌레가 명주실을 뽑아낸다. 여러분은 부모를 잘 만난 줄 알아라!

5. 어떤 식물은 줄기와 이파리에 애완 개미를 키운다. 아스텍개미는 트럼펫나무의 줄기 안에서 살아간다. 이 개미는 조그만 벌레들이 만드는 단물을 빨아 먹고 산다. 안전한 쉼터와 풍성한 먹을거리를 동시에 얻는 셈이다. 그렇다면 '아낌없이 주는' 나무는 무슨 이득을 볼까? 아

스텍개미는 벌처럼 쏘지는 못해도 꽉 깨물 수가 있다. 덕분에 나무 지킴이 노릇을 톡톡히 한다. 누구든 개미집 근처에 얼씬대다간 사정없이 물어 뜯긴다. 성난 개미는 덤으로 개미산*을 상처에 마구 내뿜는다! 아얏!

6. 아스텍개미가 사납다고? 섣부른 생각이다. 남아메리카의 밀림엔 훨씬 더 사나운 개미들이 있다. 이 개미들을 보면 젖 먹던 힘을 다해 도망칠 것! 그런데 이 포악한 개미들은 혼자 다니질 않는단 말씀이야.

군대개미는 적어도 2000만 마리가 떼를 지어서 몰려다닌다. 이 공포의 개미 군단은 숲을 휩쓸고 다니면서 닥치는 대로 먹어 치운다. 개구리와 뱀, 그리고 새까지, 걸리는 족족 뼈만 남기고 깡그리 먹어 치운다. 으악! 하지만 군대개미를 제대로 써먹을 데가 있다. 군대개미가 사람들의 집에 밀려들면 바퀴벌레 같은 해충은 씨가 마른다. 걱정 마시라! 약삭빠른 사람들은 미리 몸을 피하거든.

---

* 개미나 벌 따위의 체내에 들어 있는 자극성 냄새가 나는 산성 액체.

★ 요건 몰랐을걸!

커다란 털북숭이 거미에 경기를 일으키는 사람은 요 대목을 빼먹고 가도 좋을 듯. 세계에서 가장 크고 털이 많은 거미는 아마존 우림에 살고 있다. '새잡이거미'라고 하는데, 덩치가 어마어마하게 큰 녀석이다. 털투성이 다리까지 합치면, 여러분이 급식을 먹는 식판만 하다.

식판에 새잡이거미가 턱 하니 얹혀 있다고 상상해 보라! 게다가 이 녀석은 식사 예절이 형편없다. 지나가는 새한테 확 달려들어서 독니로 꽉 물어 준다. 그러곤 먹잇감의 즙을 쪽쪽 빨아 먹는다. 아유, 고약해라!

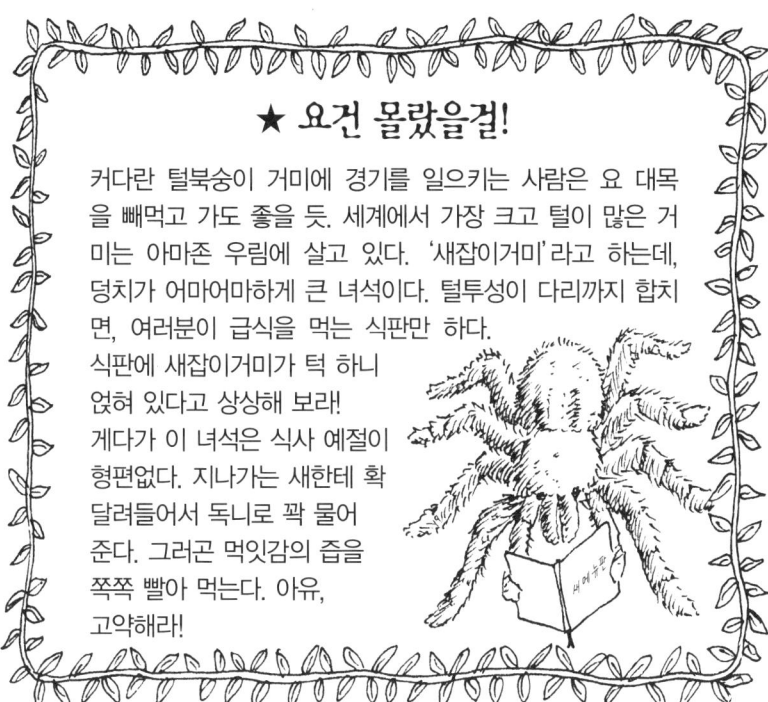

딱정벌레를 찾아라: 월리스와 베이츠의 신비한 아마존 탐험

보통 사람들은 꿈틀거리는 벌레가 영 낯설기만 하다. 어떤 사람들은 거미 한 마리만 봐도 질겁해서 소리를 질러 댄다. 그런가 하면 벌레를 찬찬히 뜯어보면서 흥미를 느끼는 사람들도 있다. 그렇지! 세상엔 별별 사람이 다 있거든! 영국의 두 과학자 앨프리드 러셀 월리스(1823~1913)와 헨리 월터 베이츠(1825~1892)는 딱정벌레라면 사족을 못 썼는데…….

월리스와 베이츠는 처음부터 이름난 학자는 아니었다. 사실 월리스는 선생님이었지만, 학생보다는 딱정벌레를 더 좋아하게 되었다. 설마 그럴 리가? 월리스가 어린 시절에 가장 좋아했던 과목은 생물이었다(지리 과목은 딱 질색이었다. 그랬던 그가 나중에 세계 곳곳을 누비고 다닐 줄이야!). 어느 날 월리스는 식물에 관한 책 한 권을 읽고 정신이 번쩍 났다. 그때부터 월리스는 틈만 나면 시골을 돌아다니면서 식물을 연구하고 스케치를 해 댔다. 손수 누름 꽃 표본을 만들기도 했다. 꽃을 눌러서 잘 말리면 얼마나 예쁜지! 월리스의 형은 쭉정이 같은 녀석이라고 핀잔을 주었다. 하지만 식물에 빠진 월리스는 아랑곳하지 않았다. 누가 뭐래도 식물이 최고야!

아마도 월리스는 누름 꽃 만들기에 평생을 바쳤을걸? 베이츠라는 친구를 만나지 않았다면! 어느 날 동네 도서관에서 월리스는 우연찮게 헨리 월터 베이츠를 만났다. 베이츠는 아마추어 곤충학자였는데, 곤충 연구만 해서는 먹고살 수가 없었다. 그는 양조장에서 일하면서 생활비를 벌었다. 오전엔 양조장 바닥을 닦고 오후엔 딱정벌레를 찾아 나섰다. 월리스와 베이츠는 금세 죽이 잘 맞는 친구가 되었다. 얼마 지나지 않아 식물광이던 월리스는 딱정벌레에 홀딱 빠지고 말았다. 그나저나 영국에 살면서 곤충 채집을 하기란 지루하기 짝이 없는 일이었다. 좀처럼 새로운 딱정벌레를 찾을 수가 없었다. 호기심이 왕성한 월리스와 베이츠가 곤충 채집망을 좀 더 멀리 뻗쳐야 할 때가 왔다. 두 친구는 또 다른 도서관에서 아마존 우림에 관한 책을 읽었다. 그 책에선 아마존 우림을 '세계 최고의 정원'이라고 일컬었다. 그 굉장한 정원엔 희귀한 딱정벌레들이 얼마나 많을까? 그들은 신비한 아마존의 우림으로 가야겠다고 마음먹었다. 우아! 상상만 해도 가슴이 벅차올랐다!

월리스와 베이츠는 '미스치프 호'라는 화물선을 타고 한 달 동안 항해를 한 끝에 1848년 5월, 브라질의 벨렝에 도착했다. 열대의 눈부신 태양 아래서 두 사람은 눈만 껌벅이며 서 있었다. 두 사람 모두 씩씩한 탐험가처럼 보이진 않았다. 얼굴에 핏기 하나 없는 월리스는 비쩍 마른 데다 심한 근시였다. 키만 껑충하고 비실비실한 베이츠는 금방이라도 쥐구멍을 찾아 들어갈 것 같았다. 하지만 겉보기만으론 알 수 없는 법. 두 사람은 여행의 피로를 풀지도 않고 곧장 물품과 장비를 챙겼다. 그리고 원주민 길잡이와 카누를 구해서 밀림 속으로 떠났다. 무더운 날씨에 파리가 달라붙고 공기는 눅눅했지만, 월리스와 베이츠는 마냥 꿈을 꾸는 것 같았다. 월리스는 밀림을 처음 본 소감을 이렇게 밝혔다.

> 그저 혀를 내두를 수밖에 없다고요! 햇빛 한 줄기도 새어 들지 않을 만큼 울창한 숲에서 어마어마하게 크고 높다란 나무들이 자라는데 나무마다 신기한 벌레들이 바글바글하고 나뭇가지 사이엔 기다란 꽃줄이 치렁치렁 매달려 있어요.

그곳은 곤충 천국이었다. 월리스와 베이츠는 난생 처음 보는 광경이었다. 온 사방에 딱정벌레들과 나비들이 넘쳐 났다. 두 사람은 부랴부랴 곤충 채집에 나섰다. 곤충을 잡아서 절이거나 핀으로 꼭꼭 눌러두었다. 그들은 곤충 표본을 영국에 보내기로 했다. 박물관에서 하나에 3센트씩 쳐주기로 했기 때문이다. 얼마 안 되는 액수라고? 베이츠가 채집한 곤충만 무려 1만 4712종인걸(그중에 8000종은 학자들도 처음 보는 곤충이었다. 학자들은 환호성을 내질렀다)! 베이츠는 돈을 쓸어 모았다. 날마다 아침 9시부터 다음 날 새벽 2시까지 일하고, 점심은 대충 때웠다. 베이츠가 형에게 보낸 편지를 보면 그의 하루를 짐작할 수 있다.

저는 왼쪽 어깨에 2연발총을 메고요, 포충망은 오른손에 쥡니다. 왼쪽 옆구리에선 가죽 자루가 달랑거려요. 이 자루는 주머니가 둘인데, 하나는 곤충 채집함이에요. 또 하나엔 화약과 총알을 넣어 두죠. 오른팔에 걸친 '사냥감 자루'엔 붉은 가죽 덮개와 끈이 들어 있어요. 도마뱀이나 뱀, 개구리, 새를 잡으면 끈에 대롱대롱 매달죠. 가냘픈 새들을 돋돋 감싸 줄 종이도 들어 있고요. 제 셔츠엔 바늘꽂이가 달려 있어요. 여섯 종류의 크고 작은 핀들이 꽂혀 있죠.

하지만 밀림 탐험이 소풍일 리는 없다. 월리스와 베이츠는 지독한 모기떼에 시달리고, 성난 원주민의 공격을 받는가 하면, 열병으로 앓아눕기도 했다. 카누를 타고 가다가 아나콘다를 만난 적도 있었다. 아나콘다는 닭장에(여행 식량으로 닭을 가져갔다) 머리를 들이밀어 구멍을 내더니 닭 한 쌍을 채 갔다.

더욱 고약한 일도 벌어졌다. 1852년 8월에 월리스는 열대우림을 볼 만큼 봤다고 생각하고 귀향길에 올랐다. 그런데 배를 타고 고국으로 가는 길에 재앙이 닥쳤다. 배에 불이 나서 월리스가 모은 소중한 표본들이 배와 함께 바닷속으로 가라앉고 말았다. 야자나무에 관한 기록과 물고기 그림 몇 장을 빼고는 일기와 그림을 모두 잃어버렸다. 월리스는 가까스로 목숨을 건졌다. 그는 바다에서 2주 동안 표류한 끝에 구조되었다.

이거 참, 낭패로다! 월리스는 빈털터리가 되어 영국에 돌아왔다. 하지만 평생을 걸고 하던 일을 내팽개치진 않았다. 얼마 뒤에 그는 다시 딱정벌레를 찾아 나섰다. 이번엔 동남아시아로 갔다. 월리스는 8년 동안 딱정벌레와 나비, 새 따위의 표본을 12만 5000종이나 모았다. 베이츠는 어떻게 됐느냐고? 그는 아마존에서 몇 년 더 지내다가 고국으로 돌아와 책을 썼다. 그가 쓴 책은 《아마존 강의 박물학자》라는 따분한 제목을 달았지만, 워낙 흥미진진한 내용이라서 날개 돋친 듯이 팔렸다. 월리스와 베이츠는 열대우림이 어떤 곳인지를 처음으로 세상에 알렸다. 그곳엔 신기하고 놀라운 야생 동식물이 살고 있다고요! 이 소식에 온 세계의 새내기 지리학자들은 귀가 번쩍 뜨였다!

밀림에서 잡아먹히지 않으려면

씩씩한 월리스와 베이츠는 잘도 살아남았지만, 열대우림의 동물들은 꽤나 팍팍하게 살고 있다. 밀림에 사는 동물들은 주로 식물을 뜯어 먹고 산다. 워낙 울창한 숲이라 천만다행이다. 하지만 어딜 가나 식습관이 고약한 녀석들이 있다. 이 녀석들은 과일이나 채소를 거들떠보지도 않는다. 그럼 뭘 먹느냐고? 서로서로…… 잡아먹는다! 개중에는 요리조리 빠져나가는 약삭빠른 녀석들도 있다. 심지어 적에게 한 방 먹이는 녀석들도 있다. 여러분이 오래오래 살고 싶다면(누군가의 간식거리가 되고 싶지 않다면) 어떻게 해야 할까? 밀림의 동물들이 어떻게 살아남는지를 알아 둬야 하지 않을까? 편과 오래전부터 알고 지내 온 오지랖 씨가 밀림에서 살아남는 법에 관한 안내서를 펴냈다. 오지랖 씨는 밀림의 동물들에게 어떻게 살아야 하는지 미주알고주알 훈수를 두고 있다. 그 이야기를 살짝 엿들어 보자.

밀림에서 살아남는 법

카멜레온

자, 내 말 잘 듣기 바라네. 산다는 게 보통 일이 아냐. 카멜레온이라면 물감 상자에 갖가지 색깔의 물감을 넉넉히 담아 두도록. 꼭 필요하거든. 보통 땐 녹색이나 갈색을 띠다가도 몸빛을 확 바꿀 줄 알아야지. 내 말 알겠나? 남한테 잘 보이려고 알랑방귀를 뀌란 말이 아냐. 위장을 하라고! 재빨리 변신해야지! 언제든 주변의 색깔에 딱 맞추라고. 배경 속으로 녹아드는 거야. 적들의 눈에 띄지 않게 몸빛을 재깍재깍 바꾸도록. 이건 번호대로 색깔을 입히는 색칠 놀이가 아냐! 장난이 아니라고!

화살독개구리

이봐, 꼬마 친구! 몸집이 작다고 방심해선 안 돼. 자넨 피부색이 산뜻해서 눈에 확 들어오는군. 적들이 깜짝 놀라서 슬슬 피하겠어. 가까이 가기엔 너무 화려한걸! 하지만 좀 더 강한 무기를 갖추도록. 그러니까 내 말은, 독을 품으라고. 그 미끈미끈한 피부에서 독즙이 흘러 나오면 딱 좋겠어. 한번 맛본 녀석들은 두 번 다시 자네를 건드리지 못할걸.

딱 한 가지 골치 아픈 점이 있긴 해. 사람들이 자넬 불에
구울지도 몰라. 아, 염려 말게. 잡아먹진 않을 거야.
다만 자네의 독을 짜서 독화살을 만들겠지.

난초사마귀

내 눈은 못 속이지. 우아한 자태로
앉아 있지만, 앙큼한 사기꾼이군.
자신을 보호하는 법에 관해선 따로
배울 필요가 없겠어. 나도 굳이
이래라저래라 잔소리를 할 생각은
없네.
산들바람에도 날개를 파르르 떠는 걸
보니, 섬세한 꽃잎 연기가 일품이야.
교묘한 눈속임이지.
하지만 난 자네의 정체를 알고 있어.
어떤 곤충이든 그 꽃잎에 내려앉았다간 봉변을 당하지.
자네가 무슨 짓을 하는지 본 적이 있는데, 꽃다운 모습은
아니었어. 곤충을 홱 낚아채더니 머리를 콱 물어 떼더군.
끝내주던걸!

재규어

암, 그렇고말고. 열대우림에서 가장 사나운 맹수가 내 말에 귀를
기울일 턱이 없지. 하지만 정신 차려, 이 친구야! 우쭐대다간
큰코다치는 법. 자신을 낮추는 법을 배우게. 자, 그럼 내가
한마디 하지! 음, 자넨 털가죽을 얼룩무늬로 물들였구먼.

햇살이 들쭉날쭉하게 비치는 숲 속에서 몸을 숨기려고? 잘했군, 잘했어! 그래도 조심하는 게 좋아. 먹잇감에게 다가갈 땐 덤불 속에 몸을 숨기라고. 그렇게 숨어 있다가 불시에 달려드는 거야. 그 뒤엔? 혼자 오붓하게 냠냠 잡수시게. 누가 감히 자네 밥에 발가락을 얹겠나?

가짜산호뱀

자네를 두고 못난 놈이라고 나무랄 생각은 없네. 하지만 빛 좋은 개살구라는 말은 하고 싶군. 겉보기엔 그럴듯해도 실속이 없어. 툭 까놓고 말해서 자넨 전혀 독기가 없잖니! 그래도 장점을 한번 찾아보자고. 자네가 독이 있다고 남들이 착각하게끔 하는 게 좋겠군. 모두들 속아 넘어가면 자네한테 후한 점수를 줌세.
자네는 맹독을 품은 진짜 산호뱀을 쏙 빼닮았어. 몸뚱이에 빨강, 검정, 노랑 고리를 둘러서 적들이 섣불리 다가오지 못해. 이렇게라도 위험을 피하면 다행이야 (자네가 짝퉁이란 게 부디 들통 나지 않기를!).

오싹오싹 건강 경고: 털애벌레를 먹는 법

털이 많고 독이 있는 털애벌레를 먹는 건 건강에 좋지 않다(학교 급식도 그 정도로 위험하진 않다). 온몸에 붉긋붉긋 두드러기가 돋는 건 그나마 다행이다. 자칫하면 목숨을 잃을 수도 있다. 아프리카의 황금늘보원숭이(덩치가 작고 귀여운 털북숭이)가 이 난감한 문제를 어떻게 해결하는지 알아보자. 황금늘보원숭이는 냄새를 킁킁 맡아 보고 악취가 풍기는 털애벌레를 골라서 머리를 깨문다. 그런 다음 이 징그러운 벌레를 두 손으로 비벼서 털을 벗겨 낸다. 다 먹고 나면 나뭇가지로 얼굴을 말끔히 훔친다.

냠냠! 쩝쩝!

뛰거나 날거나 나무를 타거나

여러분에게 독이 있는 털이 없다면, 언제든 줄행랑을 놓는 게 좋다. 빨리 달릴 수 없다면 날거나 바람을 타고 활공하거나 나무를 타도록. 이런 기술은 적을 피하거나 먹잇감에게 다가갈 때 요긴하게 써먹을 수 있다. 이제 열대우림의 날랜 운동선수들을 만나 볼까?

동물 올림픽

달리기 우승자: 바실리스크이구아나는 물 위를 걸을 수 있다. 진짜다. 어떻게? 물갈퀴가 달린 기다란 뒷발로

물 위를 찰싹찰싹 때리면서 거침없이 내달린다. 여러분이 수영을 못한다면 이렇게 강을 건너도 되겠네.

나무 타기 우승자: 열대우림의 높다란 나무에는 작은 청개구리들이 살고 있는데, 개구리들의 발가락마다 조그만 끈끈이가 달려 있다. 발 디딤이 확실한 청개  구리들은 나무줄기를 타고 똑바로 기어 올라갈 수 있다. 나뭇잎 한 장에 거꾸로 매달릴 수도 있다. 청개구리들은 좀처럼 나무에서 떨어지질 않는다. 청개구리만큼 나무를 잘 타는 사람은 눈 씻고 찾아봐도 없을걸!

 **날기 우승자:** 벌새가 꽃꿀을 들이켜면서 꽃 앞을 맴도는 모습을 보라. 꼬마 헬리콥터가 떠 있는 것 같다. 하지만 조그만 벌새가 공중에 머물려면 1초에 90번쯤 날개를 파닥여야 한다. 이 날갯짓은 마치 벌이 붕붕거리는 듯한 소리를 낸다. 참! 이 재주꾼은 뒤로도 날 수 있다. 흠…….

공중그네 우승자: 긴팔원숭이는 공중그네 타기의 명수이다. 이 원숭이 곡예사들은 나무 사이를 번개처럼 옮겨 다닌다. 긴팔원숭이 아니랄까 봐 긴 팔에 긴 손가락이 달려 있다. 그 긴 손가락과 발가락으로 나뭇가지를 붙잡  고 나무 사이를 한 번에 10m씩 쭉쭉 나간다. 여러분이 긴팔원

숭이와 맞먹으려면 교실 끝에서 끝까지 날아가야 한다. 착지할 때 조심하길.

바람 타기 우승자: 파라다이스날뱀은 날지는 못해도 그에 버금가는 재주가 있다. 공기를 타고 활공할 수가 있거든. 이 멋쟁이 날뱀은 날개가 없다. 하지만 나뭇가지에서 몸을 잔뜩 웅크렸다가 쭉 펴면서 공기 중으로 튀어 나간다. 그러곤 길고 가느다란 낙하산처럼 스르르 내려앉는다.

세발가락나무늘보가 되어 볼까?

나무에 매달린 저 푸르뎅뎅한 털 뭉치는 뭘까? 여러분의 선생님이 신고 다니던 양털 부츠는 아니다.

감이 안 잡힌다고? 정답은 나무늘보. 무더운 남아메리카에서 늘어지게 자는 동물이다. 믿기 힘들겠지만, 게으른 동물로는 여러분보다 한 수 위다. 오죽하면 느림뱅이를 일컫는 '늘보'라는 이름이 붙겠는가? 이제 엄마가 억지로 잠을 깨울 때면 나무늘보를 들먹여 보라. 나무늘보가 얼마나 게으른 동물이기에? 깜짝 퀴즈를 풀어 보자. 요 대목에서는 졸지 말고 두 눈을 크게 뜨길……

1. 나무늘보는 하루에 18시간을 잔다. **참 / 거짓**
2. 나무늘보는 워낙 지저분해서 털이 푸른색을 띤다. **참 / 거짓**
3. 나무늘보는 일주일에 딱 한 번 땅에 내려온다. **참 / 거짓**
4. 나무늘보는 거북이보다 느리다. **참 / 거짓**

5. 나무늘보를 연구하는 학자들은 잠꾸러기들이다. **참 / 거짓**

답:

놀랍게도 모두가 참이다. 나무늘보는 못 말리는 게으름뱅이거든! 여러분과 마찬가지로 나무늘보가 최고로 꼽는 날은 그저 먹고 자는 날이다. 빗질이나 목욕 따위는 하지 않는다. 하암! 온종일 아무것도 안 하고 나무 위에서 빈둥거리는 게 뭐 어때서? 나무늘보는 속도 참 편하지. 엉? 여태 깨어 있었나? 쿨(또 잔다)!

1. 나무늘보는 깨어 있을 때조차 굼뜨기 짝이 없다. 나뭇가지를 붙잡고 느릿느릿 옮겨 가면서 나뭇잎을 어적어적 씹어 먹을 뿐, 따로 운동을 하지 않는다. 나무늘보는 자나 깨나 나무에 거꾸로 매달려 있다. 나무에 갈고리 발톱을 걸어 놓고 잘도 잔다. 자다가 떨어지는 법도 없다. 하하! 나무늘보의 지저분한 털도 거꾸로 쏠려서 빗물이 금세 빠진다.

2. 나무늘보는 원래 무성한 갈색 털가죽을 둘렀다. 하지만 워낙 지저분해서 작은 식물들이 털에 들러붙어 자란다. 나무늘보의 털이 푸른색을 띠는 이유를 알겠지(사실 푸른색은 나무늘보를 숨겨 주는 보호색이다. 그래서 재규어 같은 적들의 눈을 피할 수 있다)? 이게 다가 아니다. 나무늘보의 썩어 문드러진 털가죽엔 작은 나방들이 바글바글 모여들어 작은 식물들을 뜯어 먹는다.

3. 나무늘보는 일주일에 한 번씩 나무에서 내려온다. 왜냐고? 화장실에 가지. 나무늘보는 구덩이에 똥을 누고 다시 나무로 기어오른다. 나방들은 나무늘보의 털에서 빠져나와 김이 모락모락 나는 똥 덩어리에 알을 낳는다. 애벌레가 깨어나면 나무늘보의 똥으로 배를 채운다. 쩝쩝! 이윽고 애벌레가 나방이 되면, 보금자리가 되어 줄 나무늘보를 찾아간다.

4. 나무늘보는 나무 위에서 한 시간에 기껏해야 200m를 간다. 여러분이 학교까지 타박타박 걸어가는 속도보다 20배는 느리다. 이 느림보에 비하면 거북이는 날쌘돌이다. 나무늘보가 땅에 내려오면 더욱 굼뜬 굼벵이가 된다. 다리가 약해서 제대로 걷지 못하고(운동 부족이야!) 네 발로 어기적어기적 기어 다닌다. 신기하게도 수영 솜씨는 보통이 아니다. 다만 물가에 얼씬도 하지 않을 뿐이다. 혹시 궁금할지 몰라서 덧붙이자면, 나무늘보는 평영이나 자유영으로 물살을 가른다.

5. 나무늘보를 연구하는 학자들은 눈이 자꾸만 감긴다. 왜냐고? 몇 시간이고 꿈쩍도 않는 초록 털북숭이를 계속 지켜보고 있다고 상상해 보라. 양 한 마리, 양 두 마리…… 세는 것보다 더 지루한 일이다. 나무늘보를 처음 본 학자들은 기가 막힐 수밖에! 누군가 어안이 벙벙해서 이렇게 말했다. "나 원 참, 이렇게 더럽고 쓸모없는 동물은 처음 보는군."

서로 다른 점은 무엇일까?

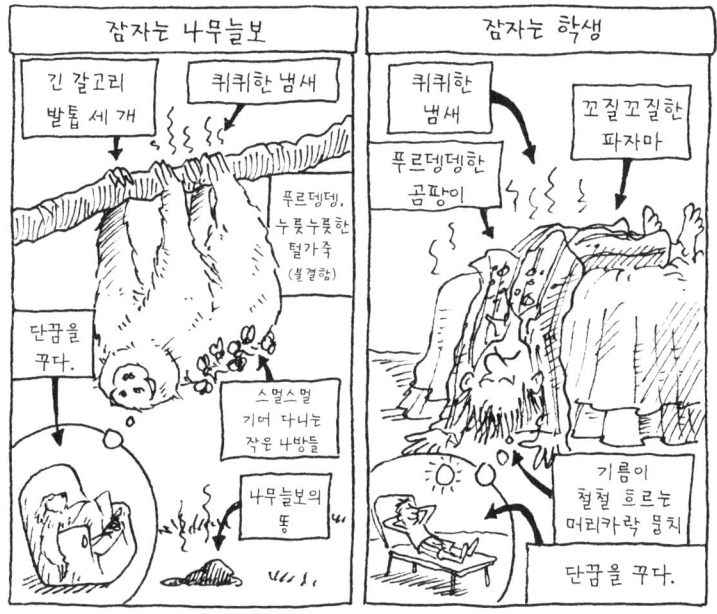

 그새 잠에 곯아떨어졌나? 어서 일어나라! 일어나! 여러분의 밀림 여행은 아직 끝나지 않았다. 갈 길이 멀다고! 잠자는 나무늘보와 식판만 한 거미는 이제 그만. 다음 장에서 누군가 여러분을 기다리고 있다. 열대우림에 관해 새롭고 알찬 정보를 줄 사람이다(선생님은 아니다). 단, 이 점은 명심하길. 여러분은 열대우림에서 살아가는 주민들을 깍듯이 대해야 한다…….

밀림에서 살아가는 사람들

울창한 우림엔 사나운 야생 동물들도 있고, 비 오는 날도 많다. 하지만 약 150만 명의 사람들이 밀림에서 살아가고 있다. 그들은 수천 년 동안 이곳에서 살아왔다. 숲에서 나는 것으로 먹고 입고 보금자리를 꾸몄다. 몸이 아플 땐 약초를 캐 먹었다. 그 밖에 뭐든지 숲 속 어딘가에서 찾아냈다. 그 보답으로 그들은 숲을 아끼고 숲에 해를 끼치지 않으려고 애쓴다. 밀림 생활은 언뜻 근사하게 여겨질지도 모른다. 하지만 절대로 호락호락하지 않다. 열대우림에서 살아가기란 고달프기 짝이 없는 일인지도 모른다. 여러분은 배가 출출하다 싶으면 어떻게 하는가? 소파에 앉아서 과자 봉지에 손을 뻗지 않는가? 한마디로 먹을거리를 찾아서 굳이 숲 속으로 들어가지 않아도 된다! 과연 여러분이 진짜 밀림 생활을 해낼 수 있을까? 먼저 열대우림의 주민들이 어떻게 살아가고 있는지 알아보자. 남아메리카의 야노마미족에게 물어보는 게 좋겠다. 그들은 열대우림을 손바닥 들여다보듯 훤히 꿰고 있거든······.

야리마의 우림 생활

우리 집과 가족

안녕? 내 이름은 야리마. 남아메리카 브라질의 우림에 살아. 나이는 열 살. 난 야노마미족이야. 우리 부족의 이름이 야노마미거든. 우리 가족은 투토토비 마을에 살아. 코앞에 강물이 흐르지. 여긴 살기 좋은 곳이야.

우리 마을 사람들은 숲 속에 있는
큰 집에 살아. 다 함께 모여 살지.
우리 모두 합쳐서 100명쯤 돼.
우리 집은 '야노'라고 불러.
큰 동그라미 모양이야.
우리 야노는 우림의 나무로 지었어.
지붕은 야자나무 이파리로 엮었지.
낮엔 시원하고 밤엔 따뜻해. 끝내줘!
우리 아빠랑 다른 아저씨들이
몇 년 전에 이 야노를 지었어.
야노 안에는, 가족마다 화로가 하나씩 있어. 우린 불 주위에
그물 침대를 걸어 놓고 잠을 잔단다. 불을 피워 놓으면 밤에
따뜻하고 모기를 쫓을 수도 있지. 게다가 요리도 할 수 있어.

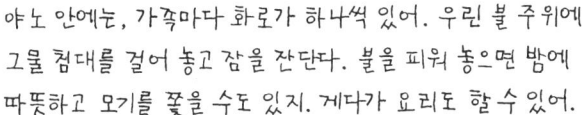

내가 기르는 원숭이는 내 그물 침대에 올라
오는 걸 아주 좋아한단다. 난 왕부리새도
길러. 멍멍이들도 아주 많아. 난 참
운이 좋아. 야노 한가운데엔 널찍한
자리 위로 천장이 뻥 뚫려서
하늘이 올려다 보이지. 우린 여기서
놀기도 하고 모임도 하고 잔치도 벌여.
난 야노에서 사는 게 참 좋아. 엄마랑
아빠, 남동생들 말고도 할아버지랑
할머니, 이모, 고모, 삼촌, 사촌들 모두
함께 살거든. 엄청난 대가족이지. 언제든
얘기할 사람이 있고, 함께 놀 친구도 있고, 아플 때 돌봐 줄
사람도 있어. 때로는 티격태격 다투기도 하지만, 심심하거나
외롭지는 않아.

나의 하루

난 아침 일찍 일어난단다. 해가 뜨자마자 일어나서 다른 여자애들과 세수하러 강으로 가. 서로 물을 튀기면서 푸아푸아 물속에 얼굴을 담궈 봐. 얼마나 신나는지 몰라. 그러곤 집에 돌아와서 아침을 먹어. 보통 카사바 빵을 후추 소스에 찍어 먹거나 아보카도를 먹지. 아침을 먹고 나면 학교에 가. 학교는 야노 안에 있어.

우린 읽기와 쓰기를 배운단다. 우리말 야노마미어와 포르투갈어를 배워. 포르투갈어를 배우면 숲 바깥에 사는 사람들과 얘기할 수 있거든. 수업은 겨우 몇 시간이라 그럭저럭 괜찮아. 수업이 끝나면 강에서 수영을 하거나 나무 타기를 해. 그런 다음에 엄마를 도와서 자질구레한 일들을 하지. 남동생들은 다른 남자애들이랑 남자 어른들을 따라나선단다. 숲 속에서 사냥하는 법을 배우거든. 때로는 며칠씩 숲 속에서 야영을 해. 남자 어른들은 활과 화살로 원숭이나 멧돼지, 아르마딜로, 떡을 잡지. 강에서 물고기를 잡을 때도 있어. 카누를 타고 창을 던져서 물고기를 잡아. 무척 어렵지. 남자애들은 도마뱀을 잡으면서 사냥 연습을 해. 내 동생은 진짜 사냥을 하고 싶어서 안달이 났어. 굉장히 위험한데. 지난주엔 우리 삼촌이 많이 다쳤어. 멧돼지가 달려들었거든. 사냥을 나갔다가 허탕을 칠 때도 있어.

그럼 큰일이야. 우린 배를 곯으니까. 야노마미쪽 여자애들은 사냥을 하러 가지 않아. 난 엄마를 도와서 땔감을 모으고 물을 길어. 엄청 힘든 일이야! 게다가 작은 텃밭을 가꾸는 일도 거들어야 해. 우린 카사바와 바나나, 땅콩, 후추를 기른단다. 때때로 나랑 엄마랑 숲에 들어가서 브라질너트(껍질이 단단한 열매), 털애벌레, 팜체스너트(코코넛 맛이 나는 열매)를 모아 오곤 해. 참! 난 그물 침대를 손수 만드는 법을 배우고 있어. 이건 무지 오래 걸려. 우리 엄마랑 아빠는 훌륭한 분들이야! 우리한테 숲을 가르쳐 줘. 숲에 사는 동물이랑 식물에 관해서도 알려 주지. 어떤 식물은 먹어도 되지만, 먹으면 탈이 나는 식물도 있어. 우린 그런 걸 다 알아야 해. 부모님은 우리한테 숲을 사랑하라고 했어. 숲은 우리가 살아가는 데 필요한 것들을 모두 내주잖아. 아빠가 그랬어. "나무 한 그루를 베어 낼 때마다 용서를 빌어야 한다. 그렇지 않으면 하늘에서 별이 하나씩 떨어져 나간다." 그리고 우린 다른 사람들과 늘 사이좋게 나누어 가져야 한대. 야노마미쪽에겐 매우 중요한 얘기야.
요즘 난 무척 속상해. 우리 엄마가 많이 아프거든. 엄마는 기운이 하나도 없고 열이 펄펄 끓어.

자꾸만 잠을 자려고 해. 아빠가
그러는데, 엄마는 독감에 걸렸대.
금을 캐러 온 광부들이 이 병을
숲에 들여왔어. 우리 같은 원주민들은
독감으로 죽을 수도 있대. 우리
엄마는 아주 잘 듣는 약을 먹어야
해. 하지만 우린 그런 약이
없어. 엄마가 죽으면
안 되는데…….

대축제

저녁엔 남자들이 돌아온단다. 그리고 숲에서 가져온 먹을거리를
나눠 주지. 때때로 우린 저녁을 먹고 모닥불 주변에 둘러앉아서
이야기꽃을 피운단다. 무슨 얘기를 하느냐고? 우리가 살고 있는
숲에 얽힌 이야기. 이따금 숲에서 먹을거리를 푸짐하게 가져온
날에는 큰 잔치를 벌이기도 해. 노래하고 춤추고 먹고 마시면서
축제를 벌이지. 이웃 마을 사람들도 놀러 와서
떠들썩한 한 마당이 된단다. 나랑 내 친구
마르타는 얼굴이랑 몸에 색칠을 해.
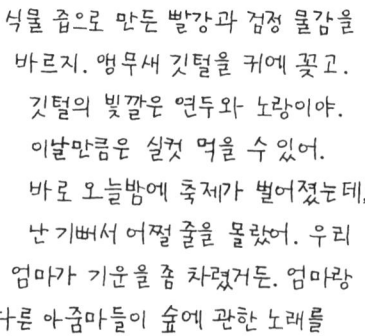
식물 즙으로 만든 빨강과 검정 물감을
바르지. 앵무새 깃털을 귀에 꽂고.
깃털의 빛깔은 연두와 노랑이야.
이날만큼은 실컷 먹을 수 있어.
바로 오늘밤에 축제가 벌어졌는데,
난 기뻐서 어쩔 줄을 몰랐어. 우리
엄마가 기운을 좀 차렸거든. 엄마랑
다른 아줌마들이 숲에 관한 노래를

부르기 시작했어. 나랑 내 친구들은 끼어드는 걸 아주 좋아해.
우린 노래를 불렀어. 넉넉한 먹을거리를 준 숲의 정령에게 감사하는
노래야. 우린 숲의 식물과 동물에게 숲의 정령이 깃들어 있다고
믿거든. 숲의 정령이 노하면 사람을 병들게 할 수 있어. 동물들을
모조리 데려가서 우리가 쫄쫄 굶을 수도 있고. 그러니까 숲의
정령을 늘 기쁘게 해 줘야지!
밤늦도록 축제가 이어졌어. 그런데 엄마가 나더러 이제 그만
잘 시간이래. 내일은 야노에서 큰 모임이
열린단다. 우리 엄마가 걸렸던 병에 대해
서로 이야기를 나눌 거래. 아빠가 그러는데,
우린 대책을 세워야 한대. 광부들이 우리에게
병을 옮기고 숲을 해치는 것을 막아야지.
아, 난 이 숲에서 계속 살고 싶어. 난 나의 고향을
사랑해.
이리 온, 원숭이. 잠잘 시간이야. 그럼, 모두들 안녕!

카사바는 고구마랑 비슷한 식물이야. 열대우림에 사는 사람들은
카사바로 빵과 먹주를 만들지. 그런데 먼저 카사바를 짓이겨서
즙을 꼭꼭 짜낸단다. 독성분을 빼내야 하거든. 그대로
우적우적 베어 먹었다간 절대로 무사하지 못할걸!

선생님 골려 주기

큰맘 먹고 선생님을 골탕 먹여 볼까? 약이 바짝 올라서 얼굴이 새빨개진 선생님을 보고 싶다면, '우루쿠'란 식물의 씨를 빻아서 물과 잘 섞어 보자. 그리고 이 반죽을 여러분의 얼굴에 덕지덕지 발라 보자.

그런데 왜 선생님이 붉으락푸르락 화를 낼까?

> **답:**
> 여러분의 꼴이 말이 아니기 때문이다. 여러분도 알다시피 우루쿠 반죽을 바르면 피부가 새빨개지거든. 남아메리카의 와이와이족은 우루쿠 색소를 일부러 얼굴에 칠했다. 왜냐고? 악령의 눈을 피하려고. 그들은 악령이 빨간색을 보지 못한다고 생각했다. 여러분은 선생님한테 뭐라고 변명할 참인가? 와이와이족은 악령이 개도 찾아내지 못하도록 개한테도 빨간색을 칠했다. 참! 우루쿠 반죽은 냄새가 지독해 모기를 쫓는 데도 그만이다.

열대우림 음식점에서 주문하기

열대우림의 주민처럼 살아가겠다면, 열대우림의 음식에 맛을 들이는 것이 좋다. 설마 학교 급식만큼 형편없을라고? 여러분은 급식 맛에 진저리를 칠지도 모른다. 하기야 그럴 테지. 그래도 마음 단단히 먹는 게 좋을 거다. 이제 그 흐물흐물한 양배추나 두툴두툴한 커스터드는 머릿속에서 싹 지우도록. 대신에 '우웩우웩 열대우림 음식점'에 들어가 보자. 차림표에 나와 있는 몇몇 요리는 선뜻 내키지 않을지도 모른다. 그래도 주문은 해야겠지? 한번 먹어 보자고.

우웩우웩 열대우림 차림표

식욕을 돋우는 간단한 음식

- **갓 삶은 메뚜기와 푹 삶은 개미**
  개미는 적어도 6분 이상 끓여서 독성분을 모두 빼냄.

- **흰 땅벌레 꼬치구이**
  풍뎅이의 애벌레 구이. 애벌레를 통째로 씹어 먹거나 몸통을 뜯어서 즙을 빨아 먹길.

- **뜨끈뜨끈한 과일 수프**
  숲에서 갓 딴 가시여지, 람부탄, 두리안(냄새가 역겹지만 맛은 좋음) 등을 허브 향이 물씬 나는 물에 넣고 보글보글 끓인 수프. 작은 오렌지처럼 생긴 열매는 골라내 길(스트리크닌이라는 강한 독성이 있음).

주요리

- **주방장 특선 요리: 우림 스튜**
  갓 잡은 원숭이, 맥, 멧돼지로 만든 요리(박쥐 한두 마리를 더 넣기도 함). 고기가 흐물흐물해질 때까지 뭉근히 익힘.

- **촉촉한 카피바라 스테이크와 바나나 통구이**
  기니피그를 애완동물로 기르는 사람의 입맛엔 영 맞지 않음. 카피바라는 앙증맞은 기니피그를 뻥튀기한 듯한 슈퍼 설치류. 돼지고기와 생선의 중간 맛!

- **갓 잡아 올린 피라니아**
  물고기의 날카로운 이빨에 손가락을 베이지 않게 조심하길. 타란툴라구이를 곁들임.

후식

- **신선한 꿀이 뚝뚝 떨어지는 벌집 조각**
  위험을 무릅쓰고 뜯어 온 달콤 살벌한 벌집. 먼저 높은 나무에 기어올라가 벌집에 손을 쑥 집어넣어야 함. 벌을 쫓으려고 연기 나는 이파리 다발을 들고 가 봐야 벌한테 쏘이기 일쑤임.

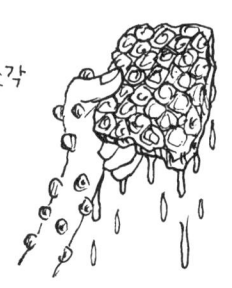

열대우림의 사냥꾼이 될 수 있을까?

숲 속을 걸어가는데 배 속에서 꼬르륵 소리가 요란하다. 어떻게 해야 할까? 과자나 빵을 사러 가게로 쪼르르 달려갈 수는 없는 노릇이다. 눈 씻고 찾아봐도 가게가 없거든! 이제 비장한 기분이 드는가? 그럼, 그래야지. 여러분은 곧 저녁거리를 찾아 사냥에 나설걸. 뭐라고? 갑자기 입맛이 싹 달아났다고? 걱정 마시라! 여러분에겐 든든한 길동무가 있다. 아프리카의 음부티족은 사냥의 명수이다. 그들과 함께 사냥을 떠나자. 어떡하긴? 그들이 하는 대로 따라 하면 되는걸…….

1. 숲 속에서 야영을 한다. 음부티족은 유랑 부족이다. 먹을거리를 찾아 여기저기를 떠돌아다닌다고. 그들은 한 곳에 오래 머물지 않아서 딱히 튼튼한 집을 지을 필요가 없다. 음부티족은 휜 나뭇가지와 이파리로 작고 둥근 오두막을 짓는다. 비만 피하면 되지, 뭐. 겨우 두 시간 만에 아담한 오두막이 뚝딱 지어진다.

2. 이튿날 꼭두새벽에 일어난다. 사람들은 불을 밝혀서 숲을 존중하는 마음을 전하고 사냥을 잘할 수 있게 해 달라고 빈다. 구운 바나나와 쌀로 아침 식사를 하고 숲 속으로 출발한다. 예로부터 음부티족은 큰 그물과 창으로 사냥을 했다(열대우림에 사는 다른 주민들은 활과 화살을 쓰거나 대롱을 불어서 독침을 날린다. 오늘날엔 총을 쏘기도 한다. 그런데 총소리에 동물들이 겁을 집어먹고 달아나서 탈이다). 열대우림의 질긴 덩굴을 엮어 만든 그물은 여간해선 망가지질 않아 몇 년씩 두고 쓴다.

3. 숲 속에 난 영양의 발자국을 쫓는다(음부티족은 원숭이와 뱀, 멧돼지도 사냥한다). 음부티족은 동물의 발자국을 쫓는 데 전

문가이다. 그들은 어디로 가야 할지 귀신같이 알아낸다. 하지만 입도 뻥긋하면 안 된다! 동물이 놀라서 달아나고 만다. 누군가 다가온다는 낌새를 채게 해서도 안 된다. 마른 낙엽 위를 발끝으로 살살 걸어야지. 음부티족은 발소리를 내지 않고 걷는다. 여러분도 할 수 있을까?

4. 바로 그때, 나무들 사이에서 풀을 뜯어 먹고 있는 영양의 무리가 눈에 띈다. 아무 말도 하지 말 것! 작은 소리에도 영양들이 겁을 먹고 달아나 버리거든. 이때는 자기가 본 것을 특별한 손짓으로 남들에게 알려야 한다.

5. 사냥꾼들과 함께 그물을 잡고 큰 반원 모양으로 펼친다. 마을 사람들은 주위에 있는 나무들 사이로 숨는다. 그러다가 갑자기 달려 나와 영양들을 그물 속으로 몰아넣는다. 사냥꾼들은 독을 묻힌 창으로 영양들의 숨통을 끊는다.

6. 영양들을 야영지로 옮겨 와서 모닥불에 굽는다. 모든 사람들이 영양 구이를 한몫씩 챙긴다. 숲에서 나는 이름이 희한한 버섯들도 몇 무더기 곁들인다. 너도나도 배불리 음식을 먹는다. 모닥불을 빙 둘러싸고 노래를 부르고 춤을 추며 넉넉한 먹을거리를 베풀어 준 숲에 감사한다.

오싹오싹 건강 경고: 내 머리가 댕강?

우표나 동전 따위는 시시하다. 보르네오의 이반족은 사람의 머리를 수집했다. 그들은 적들의 머리를 베어서 긴 장대에 꽂아 두었다. 왜냐고? 그 머리가 특별한 힘을 준다고 믿었거든. 머리의 수가 늘어날수록 힘이 세지는걸. 딴 거는 없다. 그런데 여러분의 머리도 댕강 잘리는 거 아니냐고? 걱정 마시라! 이 섬뜩한 풍습은 오래전에 사라졌다. 아자!

메리 킹즐리의 아찔하고 오싹한 모험

예전엔 머리 사냥꾼만 피하면 될 일이 아니었다. 하루아침에 머리통을 잃는 것도 기막히지만, 식인종의 솥에서 통째로 삶길 수도 있었다! 이런 위험에도 아랑곳하지 않는 여인이 있었으니, 바로 메리 헨리에타 킹즐리(1862~1900)라는 영국의 탐험가이다. 씩씩한 메리는 어느 날 갑자기 고생을 사서 하겠다고 나섰는데…….

메리는 어린 시절에 무척 우울했다. 아빠는 걸핏하면 집을 비웠고, 엄마는 만날 골골거려서 어린 메리가 엄마를 돌봐야 했다. 메리가 서른 살이 되자 엄마와 아빠가 모두 세상을 떠났다. 이제 메리의 발목을 잡는 것은 아무것도 없었다. 메리는 아프리카로 떠나야겠다고 마음먹었다. 왜? 그곳 주민들의 삶을 연구하려고. 친구들은 메리가 제정신이 아니라고 생각했다. 왜 하필 그 낯선 땅에 가는 걸까? 메리는 아프리카에 가 본 적이 없었다. 사실 외국에 나가 본 적도 없었다. 그 무렵에 여자 혼자

서 낯선 나라를 돌아다니는 건 전혀 숙녀다운 짓이 아니었다. 메리도 그 점이 마음에 걸렸을까? 당연하지! 메리는 1년 동안 신나는 아프리카 탐험을 하면서, 누가 물으면 실종된 남편을 찾고 있다고 말했다. 그러면 누구든 고개를 끄덕였다. 메리의 모험은 이렇게 시작되었다. 그리고 이듬해 메리는 다시 길을 나섰다.

영국 런던에 있는 대영박물관에서 메리에게 아프리카에만 살고 있는 희귀한 민물고기 표본을 구해 달라고 부탁했다. 거기엔 딱 하나 어려운 점이 있긴 했다. 그런 물고기들을 찾으려면 울창한 우림 깊숙이 들어가야 한다. 이건 엄청나게 위험한 짓이었다. 워낙 위험해서 외부인의 발길이 닿지 않은 곳이었다. 게다가 그곳에 사는 팡족은 낯선 사람을 꺼리는 사나운 식인종이었다. 보통 사람이라면 박물관의 요청을 딱 잘라 거절했을걸. 정 필요하면 직접 가서 구해 오라고! 하지만 메리는 용감무쌍했다.

과연 메리는 꿋꿋이 살아남을까? 아니면 식인종에게 붙잡혀 영영 돌아오지 못할까? 아프리카에 간 메리는 이런 편지를 고국에 띄웠으리라.

아프리카의 가봉, 오고우에 강에서
1895년 7월

사랑하는 동생 찰스에게

이 편지가 무사히 전달되었으면 좋겠구나. 그동안 난 너무 바빠서 편지 쓸 겨를이 없었단다. 지난주도 눈코 뜰 새가 없었지.

너도 알다시피 난 박물관에 보낼 물고기를 잡으러 왔잖니.
난 아주 희귀한 물고기를 찾으려고 오고우에 강 하구로 갔단다.
처음엔 아주 신났어. 엄청 호화로운 외륜선을 탔거든.
그런데 배가 급류를 탈 수 없어서 카누로 옮겨 타야 했어.
어찌나 불편한지. 카누가 두 번이나 뒤집혔어. 한번은 악어가 배에
올라타려고 했지(내가 악어의 콧등을 노로 내리쳤더니
잠잠해지더라). 그래도 악어는 양반이야.
거머리들은 진짜 지독해. 어휴! 징그러워!
한번 달라붙으면 떼어 낼 수가 없어.
다행히도 난 치마 속에 바지를 입고
있었지. 안 그랬다면 내 다리는 남아나지
않았을걸.
난 원주민 다섯 사람을 길잡이로 세워서
오고우에 강과 렘브우에 강 사이에 있는 커다란 숲에
이르렀어. 진짜 정글이야! 책에서만 보던 곳을 실제로 보다니
가슴이 벅차올랐어. 난 이곳에 발을 디딘 최초의 외부인이야!
굉장하지? 마침내 우린 에포우아라는 팡쪽 마을에 이르렀어.
거기서 운 좋게도 방을 구했단다. 찰스, 네가 무슨 생각을 하는지
잘 알아. 팡쪽은 무서운 식인종이고 침입자를 아침거리로 먹는다고?
난 꼼짝없이 죽은 목숨이라고? 하지만 그들은 날 무척 친절하게
맞아 주던걸. 내가 옷가지랑 낚싯바늘을 방세로 냈더니 아무도 날
겁주지 않더라고. 아무튼 호랑이한테 물려 가도 정신만
차리면 산다잖아.

그런데 어제 하마터면 정신을 놓을
뻔했어. 내가 묵고 있는 오두막에서
아주 이상한 냄새가 났어. 생선 썩는
냄새라고나 할까. 코를 킁킁대며
여기저기 냄새를 맡아 봤지. 벽에 걸린
낡은 헝겊 자루에서 나는 냄새 같더라고.
욱! 고약한 냄새! 난 궁금해서 견딜 수가
없었어. 결국 자루를 열어서 안에 들어 있는 것들을 내 모자에 쏟았지.
물론 보는 사람이 아무도 없었어. 내가 자기네 물건을 훔쳐보는 줄

알면 팡쪽이 얼마나 언짢겠니.
그런데 내 모자에 뭐가 담겨 있었는지
알아? 사람의 손 하나, 큼직한
발가락 세 개, 눈알 네 개,
귀 두 쪽! 맙소사!
손은 꽤 싱싱해 보였어(잘린 지 얼마
안 됐나 봐). 나중에 알고 보니까,
팡쪽은 사람 고기를 아주 좋아
하는데 (네가 알 듯이) 다 먹지 않고
조금씩 남겨 둔대. 희생자에 대한

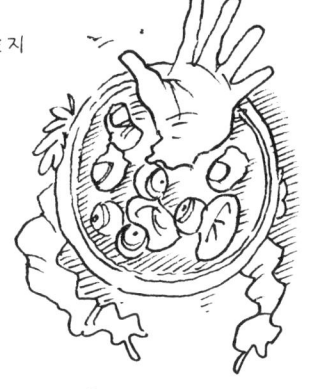

추억거리를 남겨 두는 셈이지. 섬뜩하긴 해도 흥미롭지 않니?
찰스, 내 걱정은 마. 내 팔다리는 아직 다 붙어 있어. 하지만
혹시라도 분위기가 심상치 않을 경우를 대비해서 장화 속에
조그만 권총을 숨겨 놨어.
내일은 다른 팡쪽 마을로 떠날 거야. 길잡이들은 영 내키지
않은가 봐. 우리가 산 채로 끓는 물에 들어갈 거라면서 와들와들
떨고 있어. 곧 알게 되겠지, 뭐. 다음엔 카메룬 산에 오를
예정이야. 산을 타는 건 처음이지. 우아! 신난다! 그래도
크리스마스쯤엔 돌아갈게. 그럼, 안녕!

메리 누나가

덧붙임: 난 새로운 물고기를 65종이나 잡았어. 굉장하지?

굉장하군.

12월에 영국으로 돌아온 메리는 곧 유명 인사가 되었다. 메리가 쓴 여행기는 베스트셀러가 되었고, 메리는 지리학회에서 강연을 해 달라는 요청을 받았다. 메리가 찾아낸 물고기 중에 3종은 메리의 이름을 따서 불리게 되었다. 그러나 메리는 슬픈 최후를 맞았다. 1899년에 메리는 부상병들을 돌보려고 남아프리카에 갔다가 이듬해 세상을 떠났다.

밀림을 헤치고 나아간 탐험가들

어디든 가지 않으면 몸이 근질근질한 사람들이 있다. 속옷을 갈아입지 않아서가 아니다. 여기저기 돌아다니고 싶어서 좀이 쑤신다는 말이다. 바로 용감한 탐험가들이 그렇다. 그들이 온종일 텔레비전 앞에 죽치고 앉아 있는 모습을 상상할 수 있겠는가? 그들은 늘 머나먼 미지의 땅으로 길을 떠난다. 다른 사람들이 발을 들여놓지 않은 곳이면 어디든 좋다. 뜨거운 사막이나 아찔한 산봉우리처럼 위험하기 짝이 없는 곳이 좋다. 울창한 열대우림도 그런 곳이다.

예나 지금이나 사람들이 한사코 열대우림에 가는 이유는 무엇일까? 어떤 사람들은 향료나 목재, 금 같은 숲의 보물들을 얻으려고 간다. 한마디로 말해 돈을 벌 셈인 것이다. 또 어떤 사람들이 있을까? 바로 지독한 과학자들과 지리학자들이다. 이 사람들은 그저 세상을 보고 싶어 할 뿐이다. 이들은 왕성한 호기심에 못 이겨 종종 이상하고도 엉뚱한 일들을 벌이는데…….

아마존 우림을 거닐다

독일의 지리학자인 알렉산더 폰 훔볼트(1769~1859)는 학교라면 질색이었다. 그는 세상 구경을 하고 싶었다. 하지만 어머니를 기쁘게 하려는 마음에 대학에 갔다. 그리고 따분하기 짝이 없는 일자리를 얻었다. 그는 정부의 광산부에서 일했다. 낮엔 주로 땅속에 처박혀 있다가 밤이 되면 들판을 쏘다녔다. 그는 식물에 미쳐 있었다.

1796년에 훔볼트의 어머니가 세상을 떠났다. 훔볼트는 여행을 떠나기로 마음먹었다. 그는 직장을 관두고, 혹시나 길을 잃을지 몰라서 지도 보는 법을 익혔다. 그리고 프랑스 최고의 식물학자인 에메 봉플랑(1773~1858)과 손을 잡았다. 봉플랑은 의사 과정을 밟았지만, 환자보다는 식물이 훨씬 더 좋았다. 그가 제정신이었을까? 어쨌거나 훔볼트와 봉플랑은 금세 둘도 없는 친구 사이가 되었다.

두 사람은 남극 원정대에 들어가기로 했다. 5년 동안 남극을 탐사하면서 그동안 갈고닦은 실력을 발휘하리라! 하지만 막판에 원정이 취소되었다. 하늘이 무너져 내린 듯 실망한 두 사람은 프랑스에서 스페인까지 도보 여행을 떠났다. 그리고 그들의 운명이 바뀌었다. 우연히 스페인의 왕을 만나서 남아메리카로 가도 좋다는 허락을 받은 것이다(그때는 남아메리카가 스페인의 땅이라서 왕의 허락이 떨어져야 갈 수 있었거든). 두 사람은 꿈만 같았다. 남아메리카의 우림에 가면 식물 연구를 실컷 할 수 있겠다! 하지만 그게 쉽진 않을 텐데…….

훔볼트와 봉플랑의 남아메리카 여행에 관해 알아볼까? 훔볼트의 밀림 일지를 읽어 보는 게 좋겠군. 원래는 엄청, 엄청, 엄청나게 길지만, 이건 짧게 간추려 놓은 글이야. 알맹이만 쏙쏙 뽑으니까 딱 요점 정리가 되는군. 음, 훔볼트는 아주 명랑하고 쾌활한 사나이야. 아무리 힘들어도 풀이 죽지 않아.

밀림 일지

밀림 일지 (요약본)

알렉산더 프리드리히 빌헬름 하인리히 훔볼트(남작) 씀

1799년 7월, 베네수엘라의 쿠마나

6월 5일에 스페인에서 떠나왔다. 이게 꿈이냐, 생시냐! 드디어 벗어났군! 야호! 만세! 세상아, 기다려라! 내가 간다! 난 가슴이 벅차올라서 뻥 터질 것만 같다. 배를 타고 바다를 건너는 일은 얼마나 즐거운지! 우린 테네리페 섬에서 며칠을 보내면서 (사)화산에 올랐다. 멋지군! 이윽고 이 여행의 취지에 맞는 일을 시작했다. 배를 타고 가면서 바닷물과 조류(작은 식물) 표본을 잔뜩 모았다. 그런데 재앙이 닥쳤다. 선원들 절반이 장티푸스란 끔찍한 병에 걸리고 말았다. 가장 가까운 항구인 베네수엘라(남아메리카에 있다)의 쿠마나에 배를 댈 수밖에. 우린 지금 쿠마나에 머무르고 있다. 아아, 이럴 수가! 병에 걸린 사람들은 참 안됐지만(빨리 낫기를!),

난 이곳에 온 게 얼마나 좋은지! 이 얼마나 멋진 곳인가! 볼거리가 넘쳐 나고 할 일도 무진장하다. 뭣부터 손을 대야 할까? 거대한 잎이 달린 나무들과 어마어마한 꽃들, 짐승과 새들이 사방에 가득하다. 여긴 천국이다!

1800년 2월, 베네수엘라의 카라카스
지난 11월부터 이곳에 머물고 있다. 비가 많이 내리는 철이라서 나돌아 다닐 수가 없다. 그래도 지루할 새가 없다. 이제껏 모은 표본들을 분류하고 있거든(표본이 수백 개나 된다!). 비가 좀 그치면 오리노코 강으로 가야지. 거기서 카시키아레 강을 따라가면 아마존 강에 이른다. 당장 달려가고 싶다.

1800년 3월, 베네수엘라의 오리노코 강 근처
드디어 출발! 든든한 길잡이들과 더불어 말을 타고 카라카스를 떠났다. 그런데 가는 길이 지옥 같았다. 얼굴에서 웃음기가 절로 사라졌다. 짐통더위에 쪄 죽거나, 목이 타서 말라 죽거나, 벌레들한테 물어 뜯겨 죽는 줄 알았다. 그래도 괜찮다. 죽을 고생을 했지만, 안 죽고 우림에 도착했다. 몸도 마음도 아직은 멀쩡하다. 우린 온종일 쏘다니다가 강기슭에 자리를 잡았다. 그리고 활활 타오르는 모닥불 주위에 그물 침대를 매달았다.

나랑 봉플랑이 일지를 쓰는 동안, 길잡이들이 저녁거리로 물고기를 잡았다. 아유! 이렇게 편할 수가! 불을 피워 놔서 재규어들이 다가오지 못하는군. 녀석들이 어둠 속에서 으르렁거린다.
무서우냐고? 천만에. 재규어는 덩치만 큰 야옹이다! 야옹야옹, 으하하! 까짓 고양이쯤이야!

1800년 4월 1일, 오리노코 강
우리는 말을 카누와 맞바꾼 뒤에, 카누를 타고 오리노코 강을 거슬러 올랐다. 미지의 세계로! 오, 짜릿한 기분! 하지만 말도 못하게 덥다. 다행히도 카누 뒤편에 풀막(지붕을 풀로 잇고 잎새로 지은 막)이 있어서 태양을 피할 수 있다. 풀막엔 식물과 동물 우리(주로 앵무새와 원숭이들로 가득했다)가 들어차서 우리까지 들어가면 만원이다.
룰루랄라! 룰루랄라! 강 위에서 빈둥빈둥……

1800년 4월 4일, 오리노코 강 상류
후유! 살았다! 쥐포처럼 끼여 있었네! 우린 울창한 밀림 언저리에서 내렸다. 나는 부랴부랴 숲으로 뛰어 들어가서 탐사를 시작했다. 우아! 멋지다! 이 식물을 보라! 저 동물을 보라! 여긴 지상 낙원이다! 어험, 너무 설레발을 쳤나? 나는 걸음을 멈추고 숲 바닥에 돋아난 괴상한 버섯을 살펴보았다. 그런데 문득 고개를 들어 보니······ 코앞에 재규어가 있었다! 온몸에 소름이 쫙 끼쳤다. 이를 어쩐다? 예전에 누군가 이런 말을 해 준 적이 있었다. "재규어를 만나거든 천천히 돌아서서 걸어라. 뒤를 돌아보면 안 된다."

나는 그 말대로 아주 천천히 돌아서서 곧장 걸었다. 금방이라도 재규어가 달려들 것만 같았다. 아! 이제 죽는구나 싶었다. 다행히도, 뒤를 돌아보니 재규어는 사라지고 없었다. 녀석이 배가 불렀군. 덧붙임: 요전에 재규어를 야옹이라고 한 말은 취소한다.

1800년 5월, 카시키아레 강
마침내 카시키아레 강을 찾아냈다. 금방 찾은 건 아니다. 실은 꽤나 힘들었다(나도 힘들더라고!). 가랑잎 같은 카누를 타고 급류를 건널 때는 겁이 더럭 났다. 하지만 우리를 진짜로 지긋지긋하게 괴롭힌 건 모기였다. 우리는 이 성가신 곤충을 쫓으려고 악취가 나는 악어 비계를 뒤집어썼다. 냄새는 엄청난데 효과는 신통치 않았다. 나는 기운을 잃지 않으려고 애썼다. 그런데 봉플랑은 좀처럼 우거지상을 펼 수가 없었다. 그의 얼굴은 모기한테 물려서 퉁퉁 부었고 물집투성이가 되었다. 아! 이젠 식량도 바닥나서 개미랑 카카오 씨로 허기를 달래는 중이다. 그나마 먹을 게 있어서 다행이다.

며칠 뒤, 에스메랄다

이토록 험한 곳에 이런 곱상한 이름이 붙다니, 으하하! 난 여기서도 시간을 허투루 보내지 않았다. 아주 흥미진진한 실험을 했다. 원주민은 '큐라레'라는 독을 화살 촉에 묻혀서 사냥을 한단다. 큐라레는 밀림에서 자라는 덩굴식물의 껍질로 만든다. 이건 원숭이나 사람을 순식간에 죽일 수 있다. 하지만 독이 혈관으로 들어가야 효능(?)이 나타난다. 흐음, 내가 누군가? 도전을 즐기는 사나이가 아니던가? 난 어떻게 되나 보려고 조금 먹어 보았다. 물론 위험한 것이다. 그런데 어떻게 되었을까? 난 아직까지 살아 있다! 후유!

1800년 5월 말, 가이아나의 앙고스투라 (현재 베네수엘라의 시우다드 볼리바르)

우린 고국으로 돌아간다. 모두 녹초가 되었다(4 되!). 가엾은 봉플랑은 만신창이가 되었다. 그는 며칠 동안 배 안에 드러누운 채 꼼짝도 못했다. 내가 약을 먹이고 있으니까 곧 자리를 털고 일어나겠지. 막상 떠나려니 아쉽다. 하지만 하루하루 보람찬 여행이었다. 우리는 지도에도 없는 뱃길을 1만 킬로미터나 여행하면서 신기한 동식물을 잔뜩 모았다. 이제 또 어디로 여행을 가지?

기나긴 이야기를 짧게 간추리면

얼마 지나지 않아 훔볼트는 또다시 여행길에 올랐다. 단짝인 봉플랑이 자리에서 일어나자마자 두 사람은 다시 길을 나섰다. 그들은 4년 동안 밀림을 헤치고 늪을 건너며 화산을 기어올랐다. 유럽에 돌아온 그들은 슈퍼스타와 다름없는 대접을 받았다. 특히 훔볼트의 인기는 하늘을 찔렀다. 훔볼트의 이름을 딴 지명이 우후죽순으로 생겨났다. 달에도 훔볼트의 이름을 딴 곳이 생겼다. 왜 이토록 호들갑을 떨었을까? 단지 지리학을 연구하려고 그토록 긴 여행을 한 사람은 처음 봤거든. 게다가 훔볼트는 낯선 지역과 낯선 원주민, 생전 처음 보는 야생 동식물을 일기에 낱낱이 적고 스케치도 해 왔거든.

밀림에서 보낸 무시무시한 휴가

기껏 여행을 갔는데 엉망진창이 된 적이 있는가? 여행 가방을 통째로 잃어버렸다고? 하필이면 비가 쏟아지는 통에 여행을 망쳤다고? 이런 일로 실망할 것 없다. 여러분 말고도 여행을 망친 사람들이 수두룩하다. 그럼 지지리도 복이 없는 여행자들을 만나 볼까? 그들이 보낸 휴가는 그야말로 지옥에서 보낸 한 철이었다. 그들과 함께 무시무시한 휴가를 떠나 볼까? 아니다, 여러분은 그냥 집에 틀어박혀 있는 게 낫겠다. 편이 그들을 소개할 것이다.

이름: 이사벨 고댕(1728~1792)
국적: 페루
지옥에서 보낸 휴가:

프랑스의 탐험가인 장 고댕은 1749년에 먼저 아마존 강으로 떠났어. 그는 평생 기억에 남을 멋진 휴가를 예약하러 나선 길이었지. 몇 년 동안 우림을 탐사하고 프랑스로 돌아갈 예정이었고, 참을성 많은 아내인 이사벨은 남편이 데리러 올 때까지 얌전히 기다리기로 했어. 설마 남편을 다시 보기까지 20년이 걸릴 줄은 꿈에도 몰랐지! 이사벨은 남편이랑 멋진 휴가를 보낼 생각에 마음이 설레었어. 그런데 남편은 감감무소식이었지. 인정을 늦추는 것도 한도가 있지. 이사벨은 참다못해 우림으로 휴가를 떠났어. 길잡이들이 달아나고, 길동무들이 물에 빠져 죽거나 굶주림과 병으로 죽어 나갔어. 결국 이사벨 혼자 덩랑 남았어. 그녀는 산송장이나 다름없는 꼴로 풀뿌리와 벌레를 씹으면서(웩!) 근근이 버텼지. 다행히도 착한 원주민을 만나서 겨우 바닷가에 이르렀어. 그다음엔? 몇 주 뒤, 이사벨과 장은 20년 만에 다시 만났지. 우여곡절이 있긴 했어도 행복한 결말을 맺었군!

이름: 찰스 워터턴(1782~1865)
국적: 영국
지옥에서 보낸 휴가:

남아메리카는 이국적인 여행지로 손꼽히는 곳이야. 찰스 워터턴은 익찌감치 알고 있었지. 그는 밀림의 동물들을 찾아서 여러 번 여행을 했어. 차라리 모험을 즐기러 갔다는 게 맞겠다. 그는 동물을 총으로 쏴서 박제를 해 놓고 틈이 나면 연구를 할 셈이었지. 과연 연구를 할 수 있으려나? 워터턴은 물불을 가리지 않고 덤비는 사람이었어. 왕뱀(보아)을 산 채로 잡은 적도 있지. 뱀과 뒹굴며 씨름하다가 뱀의 주둥이를 허리띠로 꽁꽁 동여맸어. 커다란 악어의 앞발을 고삐처럼 움켜잡고서 악어 등에 올라타기도 했지. 고국에 돌아와선 자연 보호 구역을 만들었단다. 거기에 별난 야생 생물과 휴가 기념품들을 한데 몰아넣었지.

이름: 리처드 스프루스(1817~1893)
국적: 영국
지옥에서 보낸 휴가:

최고의 식물학자인 리처드 스프루스는 여러 곳을 두루두루 돌아다니면서 휴가를 보냈어. 그는 몇 년에 걸쳐 아마존 식물의 표본들을 수천 가지나 모았지. 강들을 지도에 그려 넣으면서 원주민 언어를 21개나 배웠단다. 원주민에게 물건을 살 때에도 통역이 필요 없었대. 하지만 모든 일이 술술 풀리진 않았어. 말라리아에 걸려서 죽을 뻔한 적이 한두 번이 아니야. 한번은 현지 안내인들이 스프루스가 자는 틈을 타서 목숨을 빼앗을 음모를 꾸몄단다. 스프루스는 이 얘기를 우연히 듣게 되었어. 그는 안내인들을 잘 타일러서 마음을 고쳐먹게 했단다. 이런 걸 보면 아무래도 현지 언어를 조금은 배워 두는 게 좋아. 알아 두면 반드시 도움이 될걸.

이름: 베네딕트 앨런 (1960~)
국적: 영국
지옥에서 보낸 휴가:

모험이라면 자다가도 벌떡 일어나는 사람들이 있지. 그런 사람들은 어떤 휴가를 보낼까? 베네딕트 앨런이 알려 줄걸. 그는 1980년대에 아마존 우림에서 몇 달을 보냈어. 타박타박 걸어가기도 하고 나무속을 파내서 만든 카누를 타기도 했지. 냉방 장치가 있는 자동차나 비행기 따위는 안 탔다고. 그런데 이 대담한 탐험가에게 시련이 닥쳤어. 현지 안내인들이 떠나고 카누마저 잃어버렸거든. 그가 한 달 동안 먹은 거라곤 건조 수프와 메뚜기 튀김, 딱딱한 열매, 그리고… 개였어! 그래, 애완용 개를 잡아먹어야 했단다.
그는 열병에 걸려서 다 죽어 가다가 겨우 살아났어. 장하다, 앨런! 그가 얼마나 용감한 사람인지 하늘이 알고 땅이 알걸!

나도 밀림의 탐험가가 될 수 있을까?

밀림에서 길을 잃었다고 상상해 보자. 무슨 수로 살아남을까? 독사를 뿌리치거나 흡혈 거머리와 친해지는 법을 알고 있는가? 여러분의 목숨이 걸린 '아슬아슬 살아남기 퀴즈'를 풀어 보자. 부디 조심, 또 조심하도록. 사방에 무시무시한 위험이 도사리고 있는 곳에서 멀쩡하게 살아 나오기란 기적과도 같은 일이다. 뭐라고? 목숨을 걸고 그곳에 가느니 지긋지긋한 숙제를 하는 편이 낫다고? 그건 아니지. 차라리 선생님을 열대우림에 보내는 게 백번 낫지. 선생님이 답을 훔쳐 보지 않도록…….

1. 푹푹 찌는 열대우림에서 목이 말라 죽을 지경이다. 비가 많이 내리는 숲인데, 아무리 둘러봐도 마실 물이 없다. 여러분의 갈증을 풀어 줄 만한 식물은 무엇일까?
 a) 덩굴식물
 b) 브로멜리아드
 c) 벌레잡이식물

2. 밤에 잠을 자려고 한다. 그런데 이때 뭔가 시커먼 덩어리가 파닥파닥 날아온다. 흡혈박쥐가 여러분의 피를 노린다! 흡혈박쥐에게 물리지 않으려면 어떻게 해야 할까?
 a) 큰 소리로 코를 곤다. 코 고는 소리에 박쥐가 놀라서 달아나겠지.

b) 심야 공포 영화를 너무 많이 봤군. 흡혈박쥐 따위는 없다.

c) 모기가 한 마리도 없더라도 모기장으로 몸을 보호한다.

3. 으악! 또 다른 흡혈귀가 여러분을 먹잇감으로 점찍었다. 이번엔 징그러운 거머리군. 말만 들어도 소름이 끼친다! 여러분의 다리에 거머리가 쩍 달라붙어서 피를 빨고 있다면, 어떻게 해야 할까?
 a) 거머리를 확 잡아뗀다.
 b) 거머리가 배불리 먹을 때까지 기다린다. 실컷 먹고 떨어지겠지.
 c) 거머리에게 소금을 뿌린다.

4. 발밑을 조심하길! 커다란 통나무가 가로놓여 있다. 통나무처럼 생겼는데, 아닌가? 열대우림엔 겉보기와는 달리 위험한 것들이 득시글거린다. 살벌한 난초사마귀를 잊지는 않았겠지? 혹시 저 통나무가 독사라면? 통나무인지 독사인지 헷갈릴 땐 어떻게 해야 할까? 설마 발을 올려놓을 생각은 아니겠지?
 a) 살짝…… 밟아 본다.
 b) 번쩍 들어서 휙 내던진다.
 c) 막대기로 쿡쿡 찔러 본다.

5. 몇 킬로미터를 줄곧 걸었다. 무지 덥고 힘들어서 금방이라도 쓰러질 것만 같다. 더는 한 발짝도 못 움직이겠다. 무얼 먹어야 기운을 차릴 수 있을까?
  a) 바나나
  b) 소금
  c) 초콜릿

답:

1. a), b), c). 세 가지 모두 도움이 된다. 하지만 주의할 점이 있다. 덩굴식물로 갈증을 풀 때는, 먹어도 되는 식물인지 잘 알아봐야 한다. 강한 독성이 있는 덩굴도 있거든. 어떻게 알아내느냐고? 칼로 덩굴을 베어 본다. 투명하고 입안이 화끈거리지 않는 액체는 먹어도 된다. 탁하거나 붉은빛이 돌거나 노르스름한 액체는 피하도록. 톡 쏘는 맛이 나도 안 된다. 브로멜리아드나 벌레잡이식물로 갈증을 풀 때는, 먼저 벌레들을 건져 내는 게 좋다.

2. c). 박쥐는 모기장을 뚫고 들어오지 못한다. 후유! 하지만 코와 손가락, 발가락을 꼭꼭 숨기도록. 박쥐들이 가장 좋아하는 부위거든. 그리고 절대로 코를 골지 말 것! 코 고는 소리가 박쥐를 불러들인다. 흡혈박쥐는 한밤중에 잠에 곯아떨어진 동물에게 달려든다. 코 고는 사람 말고도 소와 말, 돼지도 공격한다. 아주 날카로운 이빨로 조그만 상처

를 내고 피를 핥아 먹는다. 신기하게도, 별로 아프진 않을 것이다. 박쥐의 침에 마취 성분이 있거든. 배부른 박쥐는 둥지로 돌아가서 다른 박쥐들에게 피를 토해 준다. 우욱!

3. b), c). 거머리는 축축한 숲 바닥에서 살고 있다. 흡혈박쥐와 마찬가지로 거머리도 피를 빨아 먹고 살아간다. 거머리는 이빨을 피부 속으로 찔러 넣고 배가 다 찰 때까지 피를 빨아 댄다.

한창 피를 빨고 있는 거머리를 확 잡아뗄 생각일랑 하지 말 것! 거머리는 몸의 양 끝에 빨판이 달려 있다. 억지로 떼어 내려고 하면 죽을 둥 살 둥 달라붙을걸? 기다려라. 몸통에 피를 가득 채우고 나면 저절로 떨어져 나간다(시간이 좀 걸릴지도 모른다. 쫄쫄 굶은 거머리는 제 몸무게의 다섯 배까지 피를 빨아 댄다. 앉은자리에서!). 그런가 하면 거머리에게 소금이나 설탕을 뿌릴 수도 있다. 그러면 거머리가 오그라들면서 죽는다. 어쩔 수 없이 모진 짓을 해야 할 때도 있다. 가장 좋은 방법은, 바지를 양말 속으로 꾹꾹 집어넣고 그 위에 긴 양말을 덧신는 것. 맵시가 나진 않겠지만, 거머리가 질색을 하는 차림이거든!

4. a). 통나무를 아주 살짝 밟아 본다. 머리를 들고 스르르 미끄러져 나가면 뱀이다. 뱀을 쿡쿡 찔러 볼 생각일랑 하지 말 것! 살아남고 싶다면 그런 짓은 하지 말아야 한다. 숲 바닥엔 맹독을 품은 뱀들도 도사리고 있다. 이 뱀들은 좀처럼 눈에 띄지 않는다. 어떤 뱀들은 영락없이 통나무처

럼 생기거나 나뭇잎과 섞여 있어 알아볼 수가 없다.

하지만 속아 넘어가면 안 된다. 섣불리 건드렸다간 후회할 걸. 뼈저리게! 무타독사에게 물리면 몇 시간 만에 목숨을 잃는다. 처음엔 땀을 흘리면서 구역질을 한다. 그 뒤엔 머리가 쪼개질 듯 아프다. 그리고 끝내 의식을 잃는다. 얼른 병원으로 가는 수밖에 없다.

5. b). 푹푹 찌는 열대우림에선 땀이 비 오듯 쏟아진다. 몸에서 물과 소금이 빠져 나가니 둘 다 보충해야 한다. 하나라도 너무 모자라면 열이 나고 힘이 빠진다. 머리가 어질어질하고 다리에 힘이 풀린다. 끝내 헛소리를 하다가 저세상으로 간다. 이건 아주 고약한 경우다. 가장 좋은 방법은 소금물을 조금씩 마시는 거다. 좀 기운을 차리면 영양 만점 바나나를 먹을 수도 있다. 초콜릿은 아예 안 가져가는 게 좋다. 날이 더워서 몽땅 녹아 버린다. 열대우림에 사는 사람들은 옷을 적게 입고 열을 식히지만, 여러분(또는 여러분의 선생님)은 옷을 단단히 챙겨 입는 게 좋다. 긴팔 옷에 긴 바지를 입어야 그나마 덜 물리고 덜 긁힌다.

자, 이제 선생님의 점수를 매겨 보자.
후한 점수를 주고 싶다고? 한 문제에 10점씩 준다.

0~20점: 맙소사! 선생님은 위험천만한 밀림에서 오래 버티지 못하겠군. 풋내기! 애송이 같으니라고! 옆에서 "조심해요! 악어가 있어요!"라고 외치기도 전에 이미 악어 밥이 되어 있겠다. 참으로 딱하다!

30~40점: 밀림의 탐험가가 될 자질이 있다. 다만 좀 더 조심성이 있어야……. 잠깐! 선생님의 목덜미에 작은 잇자국이 나 있네? 어이쿠! 벌써 흡혈박쥐한테 물리셨군!

50점: 우아! 대단한걸! 여러분의 선생님은 기어이 살아남아서 곧바로 수업을 하러 오실 분이다. 더구나 훌륭한 탐험가로 이름을 떨치겠군. 하기야 여러분을 가르치는 일에 비하면, 징그러운 거머리나 무시무시한 독사를 다루는 일은 식은 죽 먹기일 테지!

오싹오싹 건강 경고: 구더기가 고마워?

물리거나 긁힌 상처는 잘 치료해야 한다. 무더운 우림에선 세균들이 순식간에 불어나서 상처가 금방 곪는다. 어느 틈엔가 살이 썩어 들어가고 구더기들이 모여든다. 웬만하면 구더기를 그대로 놔두는 편이 낫다. 곪은 부위를 말끔히 먹어 치울 테니까.

어어… 내 손 좀 잡아 줘요!

오늘날의 열대우림 탐험

온종일 앉아서 컴퓨터 게임만 하는 게 지겹다고? 하기야 가상의 세계에서 노는 것도 하루 이틀이지. 짜릿한 모험을 몸소 하겠다면, 열대우림으로 떠나 볼까? 이번엔 직접 가 보는 거다. 설마 여러분의 선생님이 잘난 척하는 꼴은 보고 싶지 않겠지? 오랫동안 열대우림은 지독한 지리학자들의 속을 무던히도 태웠다. 지리학자들은 임관을 들여다보고 싶어서 안달이 났지만, 어지간히 높아야 말이지. 이젠 우듬지를 돌아다닐 수 있는 길이 열렸다. 아하! 여러분은 높은 곳에 올라가도 끄떡없다고? 그것참, 듣던 중 반가운 소리군…….

과학자들과 지리학자들은 야생 동식물의 세계를 연구하기 위해 열대우림을 찾는다. 그들은 산을 타는 사람들을 흉내 내서 밧줄이나 등반용 안전벨트 따위를 이용했다. 화살에 밧줄을 매달아 나뭇가지 너머로 쏘아 올린 다음 밧줄을 단단히 동여맨다. 그리고 그 밧줄로 몸을 끌어 올린다. 나무와 나무 사이를 돌아다닐 때는 가벼운 금속으로 만든 산책로와 사다리를 이용한다. 높이는 지상에서 100m가 넘는다(그 흔들림에 곧 익숙해질 걸). 마치 30층짜리 건물 옥상에서 잠깐 산책을 하겠다고 허공으로 발을 내딛는 기분이다. 아찔하지?

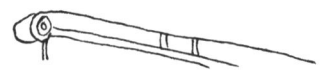

또한 열기구를 타고 둥둥 떠오를 수도 있고, 기중기가 끌어 올리는 바구니를 타고 올라갈 수도 있다.

내 소파, 조심조심….

이도 저도 다 고달픈 일이라고? 그렇다면 안락의자도 끌고 올라가야지. 예전에 아주 게으른 지리학자가 써먹은 방법이다.

어이쿠! 어지럽다고? 아래를 보지 않는 게 좋다. 참! 땅 위에서 레이더나 위성으로 열대우림을 관찰할 수도 있다.

★ 요건 몰랐을걸!

미국의 탐험가인 에릭 한센이 열기구를 탈 수 있었다면 얼마나 좋았을까! 1980년대에 한센은 보르네오의 밀림 속으로 도보 여행을 떠났다. 그는 외부인에게 알려지지 않은 '미지의 숲'을 헤치고 들어갔다. 가진 거라곤 홑이불 한 장과 갈아입을 옷 한 벌, 원주민과 맞바꿀 물건 몇 가지가 다였다. 걷기도 하고 카누도 타고…… 여기까진 좋았다. 그런데 어처구니없는 일이 벌어졌다. 원주민들이 그를 '발리 살렝'으로 착각한 것이다. 발리 살렝은 사람을 죽이고 피를 빨아 먹는다는 밀림의 악령이다. 한센은 그런 몹쓸 짓을 한 적이 없는데도 부랴부랴 숲을 빠져나와 줄행랑을 쳤다!

다행히도, 울창한 우림은 여러분 같은 새내기 지리학자들이 탐험할 수 있을 만큼은 남아 있단다. 하지만 안타깝게도, 그나마 막을 내릴 날이 머지않았어. 세계 곳곳에서 열대우림의 나무들이 마구 베어지고 불길에 휩싸이고 있거든. 그러니까 열대우림에 가 볼 사람은 하루라도 빨리 가 보도록….

서서각각 사라지는 숲

울창한 우림은 한때 오늘날보다 훨씬 더 넓은 지역에 우거져 있었다. 그때는 지구의 약 3분의 1이 울창한 우림으로 뒤덮여 있었다. 이젠 그 절반도 남아 있지 않다. 소중한 우림이 세계 곳곳에서 사라지고 있다. 서글픈 일이다. 어쩌다가 우림이 심각한 위험에 빠졌을까? 누구 탓일까? 바로 우리 자신이다. 몹쓸 사람들이 연약한 우림에 횡포를 부리고, 우림은 쓰러져 갈 뿐이다. 열대우림이 한번 사라지고 나면 다시 되돌릴 수가 없다. 아아, 울적하다! 왜 열대우림이 연기 속으로 사라져 가는 걸까? 이 일을 편과 함께 샅샅이 캐 보자……

연기 속으로 사라지다

- 목재. 열대우림엔 목재로 쓸 만한 나무들이 넘쳐 난다. 사람들은 목재를 얻느라 우림의 절반을 베어 냈다. 마호가니 같은 열대산 나무는 엄청 비싸다. 잘사는 나라 사람들은 그 목재를 사들여 호화 가구나 문짝, 창틀, 화장실 변기, 시체를 넣는 관, 젓가락 따위를 만든다. 그런데 나무를 베고 실어 나르는 과정에서 수많은 나무들이 헛되이 쓰러져 간다. 깊은 숲 속까지 도로를 닦느라 숲에 길고 긴 흠집이 난다.

- 금광. 일부 열대우림에는 금, 은, 다이아몬드 따위의 귀금속이나 보석들이 무진장 묻혀 있다. 욕심 사나운 사람들은 노다지를 캐느라 정신이 없다. 그런데 금을 뽑아내는 데에 사용하는

화학 물질이 열대우림의 강물을 심각하게 오염시킨다. 물고기와 식물은 살아갈 수가 없다. 강물을 마시고 강에서 먹을거리를 구하는 원주민은 두말할 나위가 없다. 설상가상으로, 광부들이 큰 트럭 따위를 타고 다니려고 길을 닦아서 엄청난 규모의 숲이 망가졌다.

- **농사.** 수백만 명의 사람들이 혼잡한 도시를 떠나 열대우림으로 몰려간다. 그들은 땅을 개간해서 집을 짓고 농작물을 기른다. 그런데 열대우림의 토양층은 얇고 흙이 기름지지 않아서 양분이 금방 바닥난다. 그러면 사람들은 짐을 싸서 딴 데로 옮겨 간다. 그곳에서 또다시 숲을 베어 내고 땅을 일군다. 원주민도 그렇게 살아왔다. 하지만 그들은 숲 한 귀퉁이에서 조그만 땅뙈기를 부쳤을 뿐이다. 게다가 땅에 양분이 생길 때까지 충분한 시간을 두었다. 그런데 이젠 농사를 짓는 농부들이 워낙 많아서 숲이 당해 낼 수가 없다.

- **소 목장.** 앞으로 햄버거를 먹을 때는 한번쯤 생각해 보도록. 이 고기는 어디에서 왔을까? 머나먼 남아메리카의 우림에서 왔는지도 모른다. 이런 식용 소를 먹이느라 해마다 어마어마한 숲을 없애고 있다. 여기서 자라는 소들은 고기로 팔려 나간다. 울창한 우림이 패스트푸드로 바뀌다니! 소들이 뜯는 풀은 흙의 양분을 모조리 빨아들여서 땅이 메말라 더는 식물이 자랄 수 없게 된다. 그러면 또 다른 숲을 없애고 소 떼를 그곳으로 데려간다.

아하! 그런데 열대우림이 사라지면 온갖 동식물이 보금자리를 잃겠네요?

두말하면 잔소리지. 열대우림이 연기 속으로 사라지면 희귀한 동식물이 무더기로 죽거나 보금자리를 잃는단다. 보금자리를 잃으면 살 수가 없지. 그렇게 사라지는 동식물이 일주일에 적어도 100종이란다. '멸종'이란 아예 없어지는 거야. 다시는 되살릴 길이 없어. 아름다운 스픽스마코앵무(큰앵무류의 하나)도 멸종 위기에 놓인 채 딱 한 마리가 야생에 홀로 남아 있었어 (동물원엔 40마리쯤 산다). 하지만 끝내 그 한 마리마저 죽고 말았지.

앵무새들은 애완동물로 팔려 나가고 있어. 이건 불법이야. 하지만 이런 일을 막기가 여간 어렵지 않아. 오랑우탄, 재규어, 비단나비 등도 멸종 위기에 놓여 있어. 안타깝게도 사라져 가는 동물들이 갈수록 늘고 있어.
이건 시작일 뿐이야. 우리 주변으로 눈을 돌려 볼까? 열대우림이 사라지면 더불어 자취를 감추는 것들은 뭐가 있을까? 여기선 여섯 가지를 살펴 보자(엉? 숲에서 나는 건지도 몰랐다고?). 울창한 우림이 없으면 이런 것들은 볼 수가 없어···.

1. 브라질너트는 울창한 우림의 나무에 열리는 딱딱한 열매야. 바로 깨 먹을 생각일랑 하지 말 것! 이 부러질라! 브라질너트는 딱딱한 껍질에 싸인 채 대포알만큼 커다란 꼬투리 속에서 자란단다. 물렁한 바나나와 파인애플, 오렌지, 레몬도 우림에서 나는 과일이야.

2. 초콜릿은 열대우림에서 자라는 카카오나무의 씨로 만들어. 초콜릿 동전을 본 적이 있겠지? 금박지나 은박지로 초콜릿을 싸면 초콜릿 금화와 은화라고 불러야 할까? 그런데 멕시코에선 150년 전만 해도 진짜 초콜릿 콩(카카오 씨)을 돈으로 사용했어.

3. 질겅질겅 씹는 껌이 나무에서 나는 즙은 몰랐을걸? 껌은 열대우림에서 자라는 치클나무(사포딜라)의 즙으로 만들지. 나무껍질에 흠집을 내면 끈끈한 즙이 흘러나와. 이걸 모아서 걸쭉해질 때까지 끓여. 그러고는 네모난 틀에 넣어 굳히지. 박하나 과일 향료는 나중에 넣어.

4. 바닐라 아이스크림이 그렇게 맛있어? 그런데 바닐라 향료는 따로 있단다. 열대우림에서 자라는 난초의 꼬투리를 햇볕에 잘 말려서 바닐라 향료를 만들지. 열대우림에서 나는 신선한 향신료는 바닐라만 있는 게 아니야. 음식에 솔솔 뿌리는 후추와 양념으로 넣는 생강도 있지.

5. 엄마가 자식처럼 아끼는 실내 식물에 물을 주고 죽 훑어봐. 찬찬히 보면, 몇몇은 열대우림 식물인걸. 몬스테라(봉래초), 고무나무, 아프리카제비꽃, 한결은 집 안에서 볼 수 있지만 원래는 밀림에서 자라는 야생 식물이었어.

6. 등나무 가구는 참 멋스러워. 등나무로 바구니와 깔개, 안락의자를 만들 수 있지. 등나무는 열대우림에서 자라는 덩굴식물이야. 등나무 줄기를 '라탄'이라고 하는데, '한참 기다려야 하는(wait-a-while)' 식물이라고도 부른단다. 뾰족한 가시에 찔리면 빼내는 데에 시간이 '한참' 걸리거든. 원주민은 라탄 띠를 칫솔로 사용한단다. 물론 가시를 먼저 떼어 내고.

신비로운 약

브라질너트가 박힌 초콜릿이나 바닐라 아이스크림은 입안에서 살살 녹는다. 하지만 솔직히 말해서, 안 먹어도 살 수 있다! 한편 열대우림에는 사람의 목숨을 구하는 약초들도 자란다. 우리가 아플 때 먹는 약들의 4분의 1은 열대우림에서 자라는 식물로 만든다. 더구나 아직 찾지 못했을 뿐, 더욱 약효가 좋은 식물이 열대우림 어딘가에서 자라고 있다고 한다. 그 식물이 암이나 에이즈 같은 골치 아픈 병을 낫게 해 줄 수도 있을 것이다.

원주민들은 오래전부터 이 신비로운 약들을 써 왔다. 그리고 과학자들은 그 약효를 알아내려고 애쓰고 있다. 약의 효능을 속속들이 밝혀내면 열대우림을 지키는 데 한몫을 하겠지. 그런데 여러분도 열대우림의 약초 박사가 될 수 있을까? 아래와 같은 증세가 있다면, 각각 어떤 식물을 처방해야 할까? 이 중엔 아주 조금만 먹어야 하는 식물도 있다. 독성이 있어서 자칫하면 환자의 목숨을 앗아 갈 수도 있다. 아무래도 이런 일은 전문가에게 맡기는 게 낫겠다. 우리의 '시시콜콜 약초 박사'가 어떻게 처방하는지 알아보자.

답:
1. b) 기나나무의 껍질엔 키니네라는 약 성분이 들어 있다. 키니네는 말라리아의 치료제로 쓰인다. 말라리아는 모기가 옮기는 병인데, 해마다 수백만 명의 사람들이 말라리아에 걸려서 목숨을 잃는다.
2. d) 일일초라고도 한다. 이 조그만 식물에서 뽑아낸 성분으로 백혈병을 치료할 수 있다. 백혈병은 혈액암의 하나이다. 1950년대에 찾아낸 매일초로 벌써 수천 명의 사람들이 목숨을 구했다(물론 원주민은 이 약초를 진작부터 알고 있었다).
3. a) 칼라바르콩은 열대우림에서 자라는 콩과 식물이다. 이 콩은 혈압을 낮추고 녹내장(시력을 잃을 수도 있는 눈병의 하

나)을 치료하는 데에 도움이 된다. 하지만 아프리카에선 칼라바르콩으로 죄인을 가려내곤 했다. 죄를 지었다고 의심되는 사람이 콩을 먹고 살아남으면 무죄였다. 우습다고? 하지만 아찔한 함정이 도사리고 있다. 칼라바르콩은 독성이 있어서 죄가 있든 없든 저승길로 가기 십상이다!

4. c) 얌은 우리나라의 마와 같은 덩굴식물로, 커다란 고구마처럼 생겼다. 멕시코에서 나는 얌에는 관절염이나 류머티즘같이 뼈나 관절이 아픈 병을 치료하는 약 성분이 들어 있다. 하지만 세심한 주의가 필요하다. 많이 섭취할 경우에 어떤 얌은 독성을 띠기도 한다.

벼랑 끝에 몰린 사람들

아침에 늦장을 부린다고 엄마한테 잔소리를 듣거나, (또) 숙제를 못 한 날은 '어휴, 내 팔자야!' 하는 생각이 절로 든다. 하지만 적어도 학교에서 집으로 돌아왔을 때, 여러분의 집은 그 자리에 그대로 있다! 열대우림에 사는 사람들은 이만한 행운조차 누리지 못한다. 그들은 숲에 보금자리를 짓고, 숲에서 나는 음식을 먹으며, 오로지 숲에 기대어 하루하루를 살아간다. 숲이 사라지면 모든 것이 와르르 무너진다.

페난족 사람들은 궁지에 몰려 있다. 그들은 보르네오의 우림에서 수백 년을 살아왔다. 예로부터 사냥감과 나무 열매 따위를 찾아 여기저기 옮겨 다녔다. 숲은 신성한 곳이라서, 그들은 풀 한 포기도 소중히 여긴다. 그들은 숲과 떼려야 뗄 수 없는 사이라고 믿는다.

그런데 오늘날 숲이 사라지고 있다. 사람들이 목재를 얻는답시고 숲을 마구 베어 내서 페난족의 삶이 송두리째 망가지고 있다. 많은 사람들이 숲에서 밀려나 멀리 떨어진 곳에 정착해야만 했다. 떠돌아다니는 페난족에겐 감옥이나 다름없는 삶이다. 페난족 사람들은 소중한 숲을 스스로 지키기 위해 안간힘을 쓰고 있다. 하지만 힘겨운 싸움이다. 벌목꾼이 들어오는 길을 막으면 감옥에 가거나 벌금을 내야 한다. 더구나 벌목꾼이 숲에 들여온 말라리아나 독감 따위로 수많은 원주민이 죽어 나가고 있다. 참으로 절망적인 상황이다. 페난족 같은 원주민들은 앞날이 막막하기만 하다.

오싹오싹 날씨 경고

열대우림의 나무들을 마구 태우면 세계 곳곳의 날씨가 험악해진다. 나무들이 불에 타면서 엄청나게 많은 이산화탄소를 공기 중으로 내뿜는다(자동차와 공장에서도 이산화탄소가 나온다).

이산화탄소는 커다란 담요처럼 지구를 뒤덮는다. 태양열이 빠져 나가지 않게 해서 지구를 따뜻하게 감싸 준다. 너무 따뜻해서 탈이다.

지구가 후끈후끈 달아오르면 폭풍우가 자주 휘몰아친다. 게다가 남극과 북극의 얼음이 녹아서 바닷물이 불어난다. 그러면 바닷가 근처에 사는 사람들에게 재앙이 닥치는데……

> 게다가 큰 물난리가 날까 봐 걱정이야. 열대우림은 커다란 스펀지와 같아. 목욕탕에서 비누칠을 할 때 쓰는 숭숭한 노란색 뭉치 알지? 그게 어마어마하게 커졌다고 보면 돼. 그 스펀지같은 나무들이 뿌리와 잎으로 빗물을 빨아들이지. 뿌리는 흙이 쓸려 가지 않게 꽉 붙들어 주기도 해. 이 나무들을 마구 베어 내면 엄청나게 쏟아지는 비를 어떡하느냐고? 땅에 물이 차서 강으로 흘러들고 강물이 흘러넘칠 수밖에! 순식간에 물난리가 나는 거지. 마을이 송두리째 휩쓸려 가고 산허리가 무너져 내리고…. 도저히 손쓸 도리가 없어.

눈앞이 캄캄하군! 하지만 온 세상이 먹구름으로만 뒤덮여 있을까? 뭔가 위기를 막을 방법이 있지 않을까? 이제 울창한 우림을 지키기 위해 어떤 일들을 벌이고 있는지 알아보자.

열대우림의 미래는?

열대우림을 지키기 위해 당장 발 벗고 나서지 않으면, 열대우림은 자취를 감추고 말 것이다. 다행히도 세계 곳곳에서 환경 단체와 정부, 원주민들이 위기를 막기 위해 열심히 노력하고 있다. 하지만 열대우림을 지키기가 무 자르듯 쉬운 일은 아니다. 열대우림이 주로 어디에 있는가? 땅덩어리에 비해 인구가 많고 가난한 나라들이다. 빽빽한 도시에서 밀려난 수많은 사람들이 삶의 터전을 찾아 열대우림으로 몰려든다. 잘사는 나라에선 아쉬운 사람들에게 돈을 쥐여 주고 목재와 그 밖의 열대우림의 보물들을 사들인다. 이건 참 건드리기 힘든 일이다. 그렇다고 손 놓고 있을 수만은 없는지라 몇 가지 일들을 벌이고 있다.

1. 국립공원

열대우림 지역을 아예 국립공원으로 정한다. 국립공원에선 나무를 베거나 광물을 캐낼 수 없거든. 1970년대에 파나마의 쿠나족 사람들은 스스로 보호 구역을 만들어서 전통문화와 야생 생물을 지켜 냈다. 학자나 관광객은 요금을 내고 들어간다. 그 밖에는 아무도 들어갈 수 없다. 아프리카의 카메룬에는 1980년대에 만든 코룹국립공원이 있다. 이곳에선 희귀한 영장류와 원숭이 수백 마리, 귀중한 식물 수천 종을 보호하고 있다. 원주민은 공원 둘레에서 동물이나 물고기를 잡을 수 있다. 하지만 공원 안에선 사냥도 낚시도 절대로 해선 안 된다.

2. 나무 심기

수많은 지역에서, 원주민들은 열대우림의 나무들을 땔감으로 쓰고 있다. 그들은 나무를 태워서 요리를 하고 난방을 한다. 그러다 보니 숲이 자꾸만 훼손된다. 새로 나무를 심더라도 빈 자리를 금방 메울 수는 없다(시간이 엄청나게 걸린다). 그래도 숲을 막무가내로 해치는 것보단 나무를 심는 게 낫다. 브라질에서는 망가진 숲을 되살리기 위해 수십억 개의 씨앗 폭탄을 쏟아붓는다. 열대우림의 상공에서 비행기로 씨를 뿌리는데, 씨앗이 무사히 내려앉도록 조그만 젤리 공에 넣는단다. 기발하군!

3. 보람찬 휴가

중앙아프리카의 우림에서 뜻깊은 휴가를 보내는 건 어떨까? 그곳에 사는 고릴라들은 세계에서 가장 희귀한 동물로 몇 손가락 안에 든다. 여러분은 허리띠를 꽉 졸라매야 할 테지만(비용이 만만치 않거든), 열대우림을 지키는 데에 나름대로 한몫을 하는 셈이다. 여러분이 개미처럼 모은 돈이 그 영장류의 보금자리를 지켜 주고, 원주민에게도 보탬이 된다. 여기서 잠깐! 그곳에서 환영받고 싶다면, 쓰레기를 함부로 버리지 말고 열대우림을 아끼며 소중히 여길 것!

4. 열대우림 향수

사람들은 숲을 해치지 않고 열대우림의 자원을 이용할 방법을 찾고 있다. 열대우림을 지키는 일에 힘을 보태고 싶은가? 더불어 성탄 선물도 사야 하는가? 그렇다면 근사하고, 기분이 상쾌해지고, 콱 깨물고 싶은 '열대우림의 향기'를 선물하면 어떨까?

열대의 꽃과 과일 향을 담뿍 담은 '열대우림의 향기'

누구도 맡아 본 적이 없는 열대우림의 향기가 여러분의 코끝으로 찾아갑니다!

뿌려 보세요!
새로 나온
숲의 향기!
살아 있는
열대우림의
정수!

품질 보증

이처럼 코를 톡 쏘는 냄새는 진귀한 열대우림 식물만이 풍기는 강렬한 향기! 이제껏 아무도 맡아 보지 못한 독특한 꽃향기죠! 이 희귀한 식물의 향을 고스란히 담는 과정에서 열대우림을 조금도 훼손하지 않았음을 떳떳이 밝힙니다.
우리는 꽃을 꺾지 않고도 향기를 얻는 최첨단 기술을 이용했습니다. 꽃 한 송이 한 송이마다 유리구를 씌워 밀봉하고 유리구 속의 공기를 빼서 향기를 뽑았습니다. 꽃잎 한 장도 다치지 않았음을 거듭 밝힙니다.

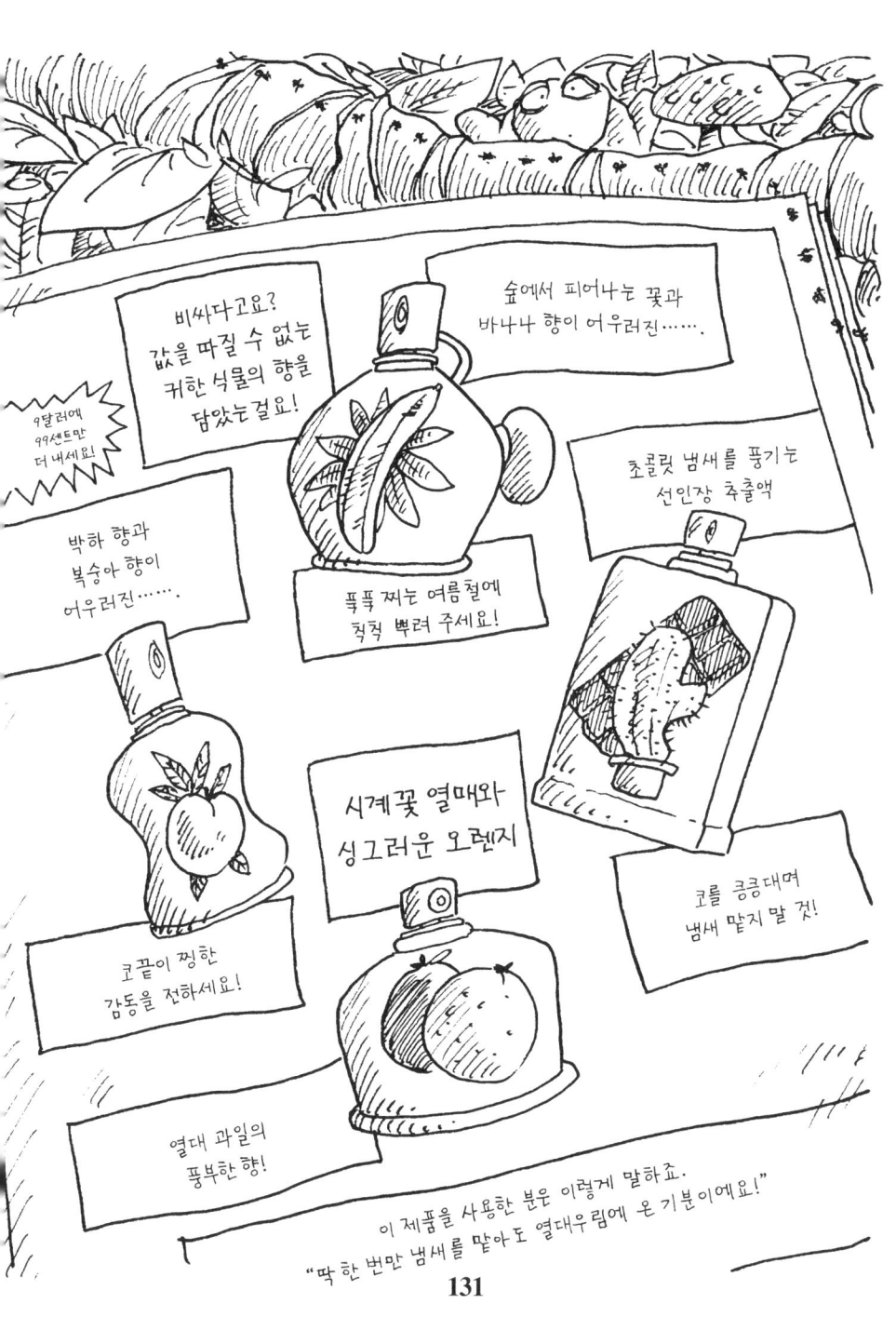

5. 이구아나 농장

오호! 맞다, 이구아나. 이구아나는 열대우림의 나무에서 빈둥거리는 파충류이다. 그리고 농장에서도 잘 지내는 동물이다.

독일의 지리학자인 다그마 베르너 박사는 이구아나 농장을 만들기로 마음먹었다. 사람들은 그녀가 제정신이 아니라고 생각했다. 왜 남들처럼 순한 양이나 소를 키우지 않고 이구아나를 키울까? 이구아나는 원주민이 즐겨 먹는 먹을거리이다(이구아나는 닭고기랑 비슷한 맛이 난다. 한 접시 먹고 싶지 않은가?). 그런데 열대우림이 너무 많이 망가지고 이구아나를 너무 많이 잡아서, 어느덧 이구아나를 볼 수 없게 되었다. 베르너 박사가 이구아나를 농장에서 길러 숲으로 내보내자 사람들은 먹을거리가 생겼다. 그리고 이구아나가 사는 숲을 잘 보호하게 되었다. 꿩 먹고 알 먹기인걸!

> ### ★ 요건 몰랐을걸?
>
> 주변에 열대우림이 없다면 집 안에서 손수 가꾸면 어떨까? 영국의 콘월에선 학자들이 이런 일을 벌이고 있다. 그들은 커다란 온실(축구장 4개를 합친 크기에 높이가 60m에 이른다)을 짓고, 희귀한 열대우림 식물을 1만 종 넘게 심었다. 개중에는 어마어마하게 큰 고무나무도 있다. 방문객들은 작은 열차를 타고 숲 속을 누빌 수 있다. 한번 가서 구경해 볼까?

열대우림을 지키기 위하여

　이런 일들을 벌여서 열대우림을 지킬 수 있을까? 이길 수 없는 싸움을 하고 있는 게 아닐까? 아무도 알 수 없다. 다만 시간이 얼마 남지 않았다. 숲은 시시각각 사라진다! 하기야 열대우림이 사라져도 언젠가는 다시 자라겠지. 그때까지 수천 년이 걸리겠지만. 그때는 사뭇 다른 숲일걸. 지금 우리는 힘을 합쳐 열대우림을 지켜야 한다. 그러려면 사람들에게 열대우림이 얼마나 소중한지를 일깨워야지. 너무 늦기 전에! 여러분도 어떤 녀석을 붙잡고(음, 친구를 만나서) 열대우림이 어떤 곳인지를 머릿속에 아로새겨 주는 게 어떨까? 참! 여러분의 선생님부터 세뇌시키는 게 좋겠군. 설마 그새 땡땡 행성으로 줄행랑을 놓은 건 아니겠지?

앗, 시리즈 (전 70권)

앗, 이렇게 재미있는 수학이!

어렵고 지루했던 수학이 순식간에 쉽고 즐거워집니다. 수학의 기초 원리에서부터 응용까지, 다양한 정보와 교양을 골라서 일목요연하게 정리해 줍니다.

01 수학이 모두 모여 수군수군
02 수학이 수리수리 마술이
03 수학이 수군수군
04 수학이 또 수군수군
05 수학이 자꾸 수군수군 1. 셈
06 수학이 자꾸 수군수군 2. 분수
07 수학이 자꾸 수군수군 3. 확률
08 수학이 자꾸 수군수군 4. 측정
09 대수와 방정맞은 방정식
10 도형이 도리도리
11 섬뜩섬뜩 삼각법
12 이상야릇 수의 세계
13 수학 공식이 꼬물꼬물
14 수학이 꿈틀꿈틀

앗, 시리즈 (전 70권)

앗, 이렇게 재미있는 과학이!

어렵고 지루했던 과학이 순식간에 쉽고 즐거워집니다.
복잡한 현대 과학의 기초 원리에서부터 응용까지
다루고 있으며, 다양한 정보와 교양을 골라서
일목요연하게 정리해 줍니다.

15 물리가 물렁물렁
16 화학이 화끈화끈
17 우주가 우왕좌왕
18 구석구석 인체 탐험
19 식물이 시끌시끌
20 벌레가 벌렁벌렁
21 동물이 뒹굴뒹굴
22 화산이 왈칵왈칵
23 소리가 슥삭슥삭
24 진화가 진짜진짜
25 꼬르륵 뱃속여행
26 두뇌가 뒤죽박죽
27 번들번들 빛나리
28 전기가 찌릿찌릿
29 과학자는 괴로워?
30 공룡이 용용 죽겠지
31 질병이 지끈지끈
32 지진이 우르쾅쾅
33 오싹오싹 무서운 독
34 에너지가 불끈불끈
35 태양계가 티격태격
36 튼튼탄탄 내 몸 관리
37 똑딱똑딱 시간 여행
38 미생물이 미끌미끌
39 의학이 으악으악
40 노발대발 야생동물
41 뜨끈뜨끈 지구 온난화
42 생각번뜩 아인슈타인
43 과학 천재 아이작 뉴턴
44 소름 돋는 과학 퀴즈

앗, 시리즈 (전 70권)

앗, 이렇게 재미있는 사회·역사가!

어렵고 지루했던 사회·역사가 순식간에 쉽고 즐거워집니다. 사회·역사와 담을 쌓았던 친구들에게 생생한 학습 의욕을 불어넣어 줄, 꼭 필요한 정보와 교양만을 골라서 일목요연하게 정리해 줍니다.

45 바다가 바글바글
46 강물이 꾸물꾸물
47 폭풍이 푸하푸하
48 사막이 바싹바싹
49 높은 산이 아찔아찔
50 호수가 넘실넘실
51 오들오들 남극북극
52 우글우글 열대우림
53 올록볼록 올림픽
54 와글와글 월드컵
55 파고 파헤치는 고고학
56 이왕이면 이집트
57 그럴싸한 그리스
58 모든 길은 로마로
59 아슬아슬 아스텍
60 잉카가 이크이크
61 들썩들썩 석기 시대
62 어두컴컴 중세 시대
63 쿵쿵쾅쾅 제1차 세계 대전
64 쾅쾅탕탕 제2차 세계 대전
65 야심만만 알렉산더
66 위풍당당 엘리자베스 1세
67 위엄가득 빅토리아 여왕
68 비밀의 왕 투탕카멘
69 최강 여왕 클레오파트라
70 만능 천재 레오나르도 다 빈치